Renata Juras
41 UND 14

Renata Juras
41 und 14

edition a

Renata Juras: 41 und 14

Alle Rechte vorbehalten
© 2011 edition a, Wien
www.edition-a.at

Redaktion: Sigrit Fleiß und Berit Freutel
Lektorat: Katharina Krones

Cover: Agata Anna Pierzchanowska (www.peperski.com)
Gestaltung: Raphaela Brandner
Druck: Theiss (www.theiss.at)

Schriften:
Premiéra
Century Gothic

1 2 3 4 5 6 — 14 13 12 11

ISBN 978-3-99001-032-7

Die in diesem Buch geschilderten Begebenheiten haben sich tatsächlich ereignet. Die Namen der handelnden Personen wurden teilweise aus Gründen des Datenschutzes geändert.

Für meine geliebte Großmutter

1

Der Anruf erreichte mich an einem sonnigen Mittwoch im Sommer 2009. Ich war in Sibenik an der kroatischen Küste auf Urlaub und wollte das Haus gerade zum Lauftraining verlassen. Mein Mobiltelefon hatte ich im Vorzimmer liegen gelassen. Ich lief zurück und hoffte, dass es nichts Wichtiges war. Ich mochte es nicht, wenn mein Tagesplan aus den Fugen geriet. Besonders nicht mein Trainingsplan. Sport war seit meiner Kindheit ein extrem wichtiger Bestandteil meines Lebens.

Der Anrufer war mein Kollege Stephen. Stephen war Sektionsleiter beim Handballverein ZV McDonald's Wiener Neustadt und bekannt für seine direkte Art. Das schätzte ich an ihm. Ich liebe es, wenn man direkt zum Punkt kommt.

Stephen sparte sich überflüssige Begrüßungsfloskeln.

»Renata, ich habe einen Job für dich«, sagte er.

»Ich bin etwas in Eile. Worum geht es?«

»Du weißt, dass die U13-Jungs ab September in der Meisterschaft spielen.«

»Und was hat das mit mir zu tun?«

Ungeduldig prüfte ich den Sitz meiner Laufschuhe und zog eine Lasche fester hinauf. Seit drei Jahren trainierte ich verschiedene Mädchenteams. Meine Schützlinge waren zwischen elf und siebzehn Jahre alt. Im Herbst begannen die Niederösterreichischen Jugendmeisterschaften. Von den Jungs, über die Stephen sprach, hatte ich kein klares Bild.

»Stephen?«

»Sie brauchen dringend einen Trainer«, sagte Stephen.

Er atmete hörbar und betont langsam ein und aus, als wollte er damit seine Aussage unterstreichen.

Ich hatte keine große Lust auf eine Jungenmannschaft. Vor allem wegen meiner Tochter Emily. Sie spielte in allen drei Mädchenteams, die ich trainierte. Das machte für uns die Organisation unseres Lebens einfacher. Ich betrieb auch noch ein kleines Fremdspracheninstitut, das ich nach einem alten kroatischen Fürstennamen »Borna« genannt hatte. Dort unterrichtete ich Englisch und Kroatisch. Ich hatte also genug zu tun.

»Wie viele Spieler sind es denn?«, fragte ich. »Und von welchem Jahrgang sprechen wir eigentlich?«

Er zögerte kurz.

»Wenn ich ehrlich bin, ist das genau das Problem«, sagte er schließlich. »Es sind nur wenige Spieler. Und sie sind sehr unterschiedlich alt. Sie haben in ihrem Leben noch nie Handball gespielt. Ich schlage vor, du siehst dir die Sache einfach mal an und machst dir dann dein eigenes Bild.«

Kurz nach meiner Rückkehr aus Kroatien standen die Jungs zum ersten Mal vor mir. Es war eine Zick-Zack-Mannschaft. Wenn die Jungs in einer Reihe standen, bildeten ihre Köpfe eine Zick-Zack-Linie. Der Älteste war vierzehn und der Jüngste neun Jahre alt. Einer reichte mir kaum bis zur Schulter, ein anderer überragte mich um einen Kopf.

Meine Gedanken rotierten bei diesem fast rührend jämmerlichen Anblick. Das sollte eine Handballmannschaft sein? Ich rollte im Geist mit den Augen und blickte die Jungs, die mir wie ein Haufen chaotischer Kinder vorkamen, forsch an. Ich hatte dem Verein bereits zugesagt, die Aufgabe zu übernehmen. Trotz der Bedenken, die ich zuerst gehabt hatte. Ich liebe Herausforderungen aller Art. Sie halten den Geist wach und jung. Aber wie sollte ich diese Truppe bloß trainieren? Jeder halbwegs professionelle Gegner würde sie binnen weniger Minuten k.o. schießen, das sah ich auf den ersten Blick.

Die Meisterschaften, bei denen wir antreten wollten, würden schon bald beginnen. Dort warteten Teams, die seit vier Jahren trainierten. Diese Mannschaft, falls von einer solchen überhaupt die Rede sein konnte, war dagegen das reinste Chaos. Die Jungs würden erst beweisen müssen, dass sie zu Recht ausgesucht worden waren.

»Wisst ihr überhaupt, wie es bei Meisterschaften zugeht?«, fragte ich.

Mit großen Augen sahen sie mich an. Der Kleinste starrte zu Boden.

»Na gut, hört mir mal zu«, sagte ich und versuchte es mit einem Lächeln. »Im Grunde ist die Sache ganz einfach. Wir trainieren jeden Tag, denn wir müssen viel nachholen. Trotzdem werden wir viele Spiele verlieren. Ist das klar?«

Schweigen.

»Jungs, noch einmal, ist das klar? Wer keine Niederlage vertragen kann, der braucht erst gar nicht zum Training zu erscheinen. Und um auch das klarzustellen: Wenn ich verlieren sage, spreche ich nicht von Niederlagen mit zwei oder drei Toren Differenz, sondern von Schlappen mit bis zu vierzig Toren Differenz.«

Murren.

»Noch etwas will ich hier von Anfang an geklärt wissen«, sagte ich. »Wir werden hart arbeiten, ihr werdet an eure Grenzen stoßen, aber ganz am Ende werden wir auf der Siegerstraße sein. Die anderen haben für uns schon den letzten Platz in der Meisterschaft reserviert. Diese Freude machen wir ihnen nicht, das garantiere ich euch. Wenn ihr mir vertraut, dann schaffen wir es unter die besten sechs.«

Endlich kam etwas Bewegung in die Reihe. Die Spannung löste sich sichtlich. Ich hatte die Jungs bei ihrem Sportsgeist gepackt.

»Ich sage euch gleich, wie wir dieses Ziel erreichen werden. Die anderen Mannschaften konzentrieren sich darauf, Tore zu schießen. Im Handball geht es aber vor allem darum, keine Tore zu kassieren. Wenn ihr 10:40 verliert, habt ihr nicht um dreißig Tore zu wenig geschossen, sondern um dreißig zu viel bekommen. Das ist der entscheidende Unterschied.«

Ich konnte mich noch gut erinnern, wie mich mein eigener Trainer nach einem meiner ersten Matches zu sich gewunken hatte. Ich war damals elf Jahre alt gewesen.

»Wie viele Tore hast du geschossen?«, hatte er mich gefragt.

Ich hatte gestrahlt.

»Sieben!«

»Schön«, hatte er gesagt. »Aber deine direkte Gegenspielerin hat zehn geschossen.«

Ich hatte ihn sofort verstanden und mir diese Lektion fürs Leben gemerkt.

Die Jungs starrten mich an.

»Okay, Jungs. Und merkt euch eines, egal, was ihr für Probleme haben werdet, ihr könnt damit immer zu mir kommen. Morgen pünktlich um fünf Uhr geht's los.«

Die Turnhalle wurde im Rückspiegel meines Autos kleiner. Ich musste Carla, meine ältere Tochter, vom Bahnhof abholen. Carla studierte in Wien. Ich war gut aufgelegt, sogar ein bisschen aufgeregt. Ich spürte ein leichtes Kribbeln in der Magengegend. Mein Kopf sagte mir, dass diese Mannschaft ein Himmelfahrtskommando war. Aber ich hatte mich im Sport schon immer eher auf mein Gefühl als auf meinen Kopf verlassen. Ich wusste, dass es einen Versuch wert war. Ich wollte aus den Jungs eine richtige Mannschaft machen.

Diese Sache wird mich und die Jungs weiterbringen, dachte ich. Ich kann und werde es schaffen, ihnen ihre Grenzen zu zeigen und ihnen dabei zu helfen, diese zu sprengen. Sie werden über sich selbst hinauswachsen. Bei dem bevorstehenden Turnier in Wien werde ich etwas aus ihnen herausholen, das sie noch nie gespürt oder erlebt haben. Wir werden sicher nicht gewinnen. Aber wir werden darum kämpfen, mit möglichst wenigen Toren Differenz zu verlieren, und dabei unsere ersten Erfolgserlebnisse haben. Die Jungs werden gefordert sein. Das allein ist ausreichend und gut. Handball ist kein Sport für Weicheier. Und schon gar nicht für Idioten. Handball ist ein extrem kompliziertes Spiel und erfordert einen Sinn für Taktik. Gute Handballer sind hochintelligente Menschen.

Ich musste schmunzeln. Ich erinnerte mich noch genau daran, wie ich selbst als Kind mit dem Training begonnen hatte. Ich hatte das Gefühl, als wäre es gestern gewesen, als ich in der Halle zwischen lauter gleichaltrigen Mädchen in Reih und Glied mein erstes Training absolviert hatte. Langweilige Ballübungen, die uns die Technik verständlich machen sollten. Sprints und Geschicklichkeitsspiele. Ich war ungeduldig und enttäuscht gewesen, weil ich lieber sofort am Feld wild drauflosgespielt hätte. Doch unser Trainer hatte uns zunächst in nicht enden wollenden Einheiten beigebracht, wie wir den Ball richtig hielten und wie wir zu Boden gingen, ohne uns dabei zu verletzen. Das war nicht besonders aufregend gewesen. Trotzdem hatte ich dabei gelernt, worauf es ankam. So ein Handball kann bei richtig eingesetzter Muskelkraft scharf wie Munition sein.

Als junges Mädchen war ich talentiert gewesen. Ich war in meiner Schule unter die zehn Besten gewählt worden und in Sibenik zu einem Mitglied des Handballvereins geworden. In Kroatien bedeutete das viel mehr als in Mitteleuropa. In Österreich kann bis heute jeder in einem Verein spielen, weil es chronisch zu wenig Spieler gibt. Kinder, die ein bisschen sportliches Talent zeigen, werden in den Schulen gefragt, ob sie in einem der Vereine trainieren wollen. So entstehen solche Mannschaften wie die Jungs, die ich nun trainieren sollte. In Kroatien hat der Sport einen anderen Stellenwert. Dort ist die Konkurrenz schon bei den Jugendmannschaften extrem groß. Die Trainer gehen konsequent an das Thema heran und sagen den Eltern klipp und klar, ob ihr Kind Talent hat oder nicht. Umgekehrt sind weder Kinder noch Eltern beleidigt, wenn die Trainer einem Kind zu wenig Begabung zubilligen.

Mein Talent hatte am Anfang vor allem einen dichten Zeitplan zur Folge. Eine Woche lang musste ich vormittags zum Training und nachmittags in die Schule. In der darauffolgenden Woche war es genau umgekehrt. Meine Eltern waren berufstätig und konnten mich nicht herumfahren. Also musste ich mein Leben selbst organisieren. Ich erlaubte mir in der Schule und bei den Hausaufgaben keine Schlampereien. Mir wurde früh klar, dass Menschen, die verschiedene Aufgaben nicht unter einen Hut bekommen, für gar keine Sportart geeignet sind. Ich gab mich schon als Kind keinen Träumereien hin. Ich stand mit beiden Beinen fest auf dem Boden und verließ mich auf meinen eigenen Willen. Und auf Tatsachen.

Mein Vater war dagegen gewesen, dass ich unsere Heimatstadt Sibenik mit vierzehn Jahren verließ. Das wäre aber notwendig gewesen, um als Handballerin Karriere zu machen. In Sibenik selbst hatten nur Fußballer und Basketballer Chancen auf eine professionelle Laufbahn. Ich hatte mich nie der falschen Illusion hingegeben, als Handballspielerin Geld verdienen zu können. Deshalb hatte ich mich entschieden, Trainerin statt Profi zu werden. Es machte mir Spaß, anderen Menschen etwas beizubringen, was ich selbst gut beherrschte. Ich stellte auch im 800-Meter-Lauf weiterhin Rekorde auf und genoss meine Jugend. Bis ich meinen Mann Milivoj kennenlernte, der Fußballer war. Das passte gut, denn das Leben eines Sportlers ist für normale Menschen oft schwer zu verstehen. Wir hatten einen ähnlichen Lebensstil, tranken beide keinen Alkohol und gingen meistens früh schlafen, um für die Matches fit zu sein. Nach meinem Schulabschluss verlobten wir uns und gingen einen gemeinsamen Weg. Wir folgten dem Ruf aus dem benachbarten Österreich in eine ungewisse, aber aufregende Zukunft.

2

Nach einer Stunde Englischunterricht beeilte ich mich, pünktlich in der Turnhalle zu sein. Die Englisch-Konversationsstunde war ziemlich gut verlaufen. Meine talentierteste Schülerin Ilse war gleichzeitig auch meine beste Freundin. Eines Tages hatte sie vor mir gestanden und mir erklärt, sie wolle noch eine Fremdsprache lernen, jetzt, da ihre Kinder aus dem Haus waren. Sie hatte mich mit ihrem Ehrgeiz, ihrem Mut und ihrer Bereitschaft, gegen ihren inneren Schweinehund anzukämpfen, von Anfang an beeindruckt. Ihre Güte und ihr Rat begleiten mich nun schon seit Jahren. Fast so wie der gute Geist meiner verstorbenen, über alles geliebten Großmutter.

Aus den Garderoben drang Lachen und Lärm zu mir. Es war kurz vor siebzehn Uhr und das Training sollte gleich beginnen. Doch statt am Feld zu stehen, waren die Jungs offensichtlich noch nicht einmal umgezogen. Ich öffnete die Tür und musste einmal tief durchatmen. Eine wilde Horde balgte sich und hüpfte auf den Bänken herum. Trainingsjacken, Turnschuhe und offene Sporttaschen lagen quer über den Boden verstreut. Zum Verzweifeln.

In dem Chaos der kleinen, niedrigen Garderobe blieb ich zunächst unsichtbar. Ich musterte vorsichtig die Jungs, die einander ausgelassen schubsten und hänselten. Dabei versuchten sie, kindisch in tiefen Tönen zu grölen, und brachten doch nur ein helles Glucksen hervor.

Inklusive Tormann werde ich sieben fähige Spieler brauchen, dachte ich. Zwei Mann für die Flügel, je einen Aufbauspieler links, rechts und in der Mitte und einen Spieler am Kreis. Meine Philosophie für das perfekte Team ist einfach. Jeder Spieler muss austauschbar sein. Jeder muss in der Lage sein, in allen Positionen zu existieren. Mit der Zeit zeichnen sich zwar immer bestimmte individuelle Stärken ab, dennoch ist es für die ganze Gruppendynamik und Strategie sinnvoll, wenn jeder Spieler auch die Anforderungen aller übrigen Positionen am Feld kennt.

Doch als ich diesen chaotischen Haufen beobachtete, stockte mir der Atem. Ich fragte mich, wie das hier jemals gutgehen sollte.

»Hey, Jungs, was genau soll das hier werden?«

Ich machte einen Schritt in den Raum hinein. Auf einen Schlag war es still. Erschrockene Gesichter, ein paar kleine Räusperer, dann drehte sich ein Junge zu mir.

»Hallo Renata. Wir haben dich nicht gehört.«

»Kein Wunder bei diesem Lärm.«

Trotzig sah mich der Junge an. Es gefiel mir, dass er die anderen in Schutz nahm.

»Wieso sollten wir uns deiner Meinung nach nicht unterhalten?«, fragte er und verschränkte die Arme vor der Brust.

Ich musste innerlich schmunzeln über den kleinen Mann. Trotzdem versuchte ich, streng zu sein.

»Jetzt passt mal auf. Ich sage das jetzt ein einziges Mal und dann nie wieder. Das ist hier weder ein Kindergarten noch ein Kaffeekränzchen. Hier wird trainiert und kein Mensch will sich unterhalten. Entweder ihr seid morgen alle um Punkt siebzehn Uhr am Spielfeld und bereit zu arbeiten, oder wir lassen die ganze Sache einfach bleiben.«

Stille im Raum. Zerknirschte Gesichter.

»Ich gehe jetzt hinaus in die Halle und erwarte euch in genau fünf Minuten.«

Ich warf energisch die Tür hinter mir ins Schloss. Draußen senkten sich meine Schultern. Ich lächelte still in mich hinein und ging schnellen Schrittes zur Halle. Die Jungs hatten mich verstanden. Jetzt kann es losgehen, dachte ich. Ich überlegte, wie ich schnell ein paar coole T-Shirts für meine Spieler organisieren konnte.

Wir trainierten nun beinahe täglich, immer ab fünf Uhr nachmittags. Die Mannschaft stand jeden Tag pünktlich auf die Minute auf dem Spielfeld. Wenn ich eintraf, trainierten sie meistens schon mit den Bällen und erwarteten mich voller Ungeduld. Ich kannte die unterschiedlichen Charaktere meiner kleinen Mannschaft bald etwas besser. Patsi war ziemlich beliebt, etwas rund oder, wie er meinte, stark gebaut. Er war außerhalb des Spielfeldes auch nicht wirklich schnell, aber sobald er innerhalb der Markierungen des Sportbodens stand und den Anpfiff hörte, wurden seine Körperbewegungen geschmeidiger und geschickter. Ich nannte ihn »meinen Großen«. Marco wiederum war ein Draufgängertyp, der offenbar vor nichts und niemandem Angst hatte und dem Leben wie dem Sport lachend und mit Leichtigkeit entgegenzutreten verstand. Olli war einer der Ruhigsten in der Runde. Er war intelligent, disziplinierter als die anderen, dünn und nicht besonders groß. Seine fehlende Schnelligkeit kompensierte er mit Fleiß. Nichts brachte ihn aus der Ruhe, deshalb hatte ich ihn zum Kapitän ernannt.

Meine Töchter Carla und Emily unterstützten mich dabei, meinen neuen Tagesablauf so angenehm wie möglich zu gestalten. Ich musste nun noch öfter von Eisenstadt, wo wir wohnten, nach Wiener Neustadt zum Training fahren. Von meinem Mann war ich zwar getrennt, doch auch er unterstützte mich. Wir waren gute Freunde und erzogen unsere Kinder mit vereinten

Kräften. Warum wir uns getrennt haben, habe ich nie wirklich herausgefunden. Wahrscheinlich lag es daran, dass er zuerst als Profi-Fußballer und dann als Handball-Schiedsrichter genauso viel unterwegs war wie ich als Trainerin. Oder er war einfach nicht der Richtige.

Ich war unglaublich stolz auf meine beiden Mädchen. Sie waren schön, klug und ernsthaft. Seit ich Kinder hatte, hatte sich mein Leben geändert. Mutter zu sein ist eine große Herausforderung. Auch die Dimension des Begriffs Angst hat sich für mich verändert. Erst eine Mutter, die sich um ihre Kinder sorgt, kann die wahre Bedeutung dieses Wortes verstehen.

Emilys Handballmannschaft trainierte in der Halle neben meinen Jungs. So konnten wir gemeinsam zum Training fahren. Obwohl Emily erst knapp vierzehn Jahre alt war, spielte sie bereits mit älteren Mädchen in einer höheren Liga.

Ich beobachtete sie aus den Augenwinkeln, während ich meinen Jungs Anweisungen zurief. Auf dem Spielfeld mutierte mein kleines Mädchen zum Mann. Sie war voller Kraft und als Linkshänderin bot sie ihrer Mannschaft spezielle Vorteile. Ich hatte so lange mit ihr geübt, bis sie trotz ihrer Linkshändigkeit auch am linken Flügel enorme Sicherheit zeigte. Das machte sie zu einer Ausnahmespielerin, weil sie im Gegensatz zu den rechtshändigen Spielerinnen über beide Flügel in die Nähe des Tores kommen konnte. Damit hatte sie doppelt so große Chancen, ein Tor zu schießen. Mit dieser speziellen Fähigkeit sorgte sie oft für einen Überraschungseffekt, der nicht selten triumphale Auswirkungen auf den Verlauf des Spiels hatte.

Emily war ein bisschen verspielter als Carla, aber genauso zielstrebig und authentisch. Manchmal traf sie Dinge intuitiv und genau auf den Punkt, als hätte sie schon die Erfahrungen eines langen Lebens gesammelt.

»Renata!«

Stephen unterbrach mich in meinen Gedanken. Er musste etwas Dringendes auf dem Herzen haben, sonst hätte er mich wohl kaum beim Training gestört.

»Hast du kurz Zeit?«, fragte er.

»Was gibt's, Stephen? Wir sind mitten im Training, wie du siehst.«

»Schon klar. Aber im Gymnasium in der Zehnergasse gibt es ein paar Jungs, die Handball spielen.« Stephen kratzte sich am Kopf und musterte mich. »Sie sind zwischen dreizehn und vierzehn Jahre alt. Sieh sie dir einmal an. Vielleicht findest du dort Verstärkung für dein Team.«

»Ich werde gleich morgen dort vorbeischauen«, sagte ich. »Ich brauche dringend Spieler.«

Am Tag darauf fuhr ich vor dem Training mit Emily in das Bundesgymnasium in der Zehnergasse in Wiener Neustadt. Ich parkte den Wagen auf dem Parkplatz der Schule.

Bevor ich ausstieg, drehte ich den Rückspiegel kurz in meine Richtung. Meine Kurzhaarfrisur war die beste Lösung, um meine dunklen, festen Haare zu bändigen. Ich brauchte sie morgens nur zu waschen und mit ein wenig Gel in Form zu zupfen, dann hielt die Mähne den ganzen Tag über und machte alle sportlichen Aktionen mit.

»Du bist schön genug, Mama.« Emily lachte.

»Ich komme schon«, sagte ich und wischte noch schnell etwas verlaufene Wimperntusche unter dem rechten Auge weg. Ich wollte einen guten Eindruck machen.

Wir gingen gemeinsam durch eine große Turnhalle mit etwa dreißig Teenagern, die den Raum akustisch bis zur Decke füllten. Mir fiel sofort auf, dass die Kinder mit den Bällen ganz falsch umgingen und vor allem auch die falschen Bälle verwendeten. Es gibt je nach Gewichtsklasse unterschiedliche Ballvolumina. Grundsätzlich werden drei verschiedene Größen verwendet. Männer und männliche Jugendliche ab sechzehn spielen mit Ball Nummer drei, der 58 bis 60 Zentimeter groß ist, Frauen und die männliche Jugend ab zwölf verwenden Bälle mit einem Umfang von 54 bis 56 Zentimetern und die Jugend ab acht nimmt die kleinen Bälle mit nur 50 bis 52 Zentimeter Umfang. Die kleinen Bälle sind mit rund 290 bis 300 Gramm auch deutlich leichter als die immerhin 425 bis 475 Gramm schweren Männerbälle. Die kleineren, handlichen Exemplare können richtig gefährlich werden. Wenn sie einem unsicheren, aber kraftvollen Spieler in die Hände geraten, werden sie zu Geschoßen.

Meine Laune verschlechterte sich, als ich das chaotische Treiben am Feld weiter beobachtete. Emily sah mich von der Seite an. Ihre Augen signalisierten eine Mischung aus Unsicherheit und Mitleid. Ich stöhnte hörbar und fingerte genervt an meiner Frisur herum.

Ein Lehrer begrüßte uns höflich. Er wirkte ein wenig abwesend, als würde ihn das Geschehen am Spielfeld nichts angehen. Ich fragte mich, wer hier wohl Sport unterrichtete und sich für diesen bunten Haufen verantwortlich fühlte. Ich verkniff mir aber jede Frage. Der Lehrer bot uns auf einer Bank am Hallenrand einen Platz an. Von dort aus hatten wir eine perfekte Sicht auf diesen Kinderspielplatz.

Eine neue Gruppe mit Jungs drängte in die überquellende Halle. Ich wusste längst nicht mehr, wohin ich meinen Blick richten sollte, ohne zu verzweifeln. Durcheinander und Undisziplin, soweit das Auge reichte. Ich war sicher, dass ich hier nur meine Zeit verschwendete. Doch dann zeichnete sich die Silhouette eines Jungen deutlicher ab. Er war groß, wirkte sehr sportlich und muskulös, fast männlich, und passte überhaupt nicht in den chaotischen Haufen.

»Der ist vermutlich kein Österreicher«, sagte ich, ohne lang nachzudenken.

Emily sah mich fragend an.

»Österreicher sind für ihr Alter eher zu klein«, erklärte ich. »Wenn sie allerdings groß gewachsen sind, dann fehlt ihnen meistens Kraft oder Schnelligkeit. Das ideale Gesamtpaket kommt selten vor.«

Vielleicht war der Junge mit der sportlichen Silhouette und den braunen Haaren ja auch einfach älter und wiederholte eine Klasse.

Ich beobachtete seine Bewegungen genau und merkte, wie sich meine Laune besserte, je länger ich ihm zusah. Mein Blick heftete sich auf den Ball, als er ausholte. Ein Hammerschuss! So nennen wir es im Handball, wenn einer scharf schießt und sicher trifft.

»Wie heißt der Junge?«, fragte ich.

»Ervin Unterlechner.« Der Professor war unkonzentriert, aber nicht teilnahmslos.

»Siehst du, er ist doch Österreicher«, sagte Emily.

»Nein«, beharrte ich. »Das ist er bestimmt nicht.«

Koordination, Beweglichkeit, eine gewisse Flinkheit und eine enorme Portion Intelligenz. Diese Mischung macht einen erstklassigen Handballer aus. Talent allein reicht längst nicht aus.

Ervins Vater stammte aus Rumänien, wie ich später erfuhr, und seine Mutter war Ungarin. Seinen Nachnamen hatte er kurz nach seiner Geburt von seinem österreichischen Stiefvater, mit dem seine Mutter verheiratet gewesen war und der ihn adoptiert hatte, erhalten.

»Wie heißt er noch einmal?«, fragte ich den Professor.

Ich beobachtete jeden Schritt, jede Bewegung des Jungen. Ein Riesentalent, da war ich sicher.

»Ervin Unterlechner.«

Ich nahm Emily an der Hand und stellte mich vor die Gruppe. »Jungs, hört her! Ich bin Handballtrainerin und komme vom ZV McDonald's Wiener Neustadt«, sagte ich. »Wenn ihr wollt, könnt ihr am Freitag um siebzehn Uhr zum Training kommen.« Dann wandte ich mich direkt an Ervin. »Du bist sehr gut. Du kannst jederzeit bei uns spielen.«

»Ich komme sicher«, sagte er. Er sah mich ernst, mit festem Blick und wachen braunen Augen an.

Ich erkenne Begeisterung für Sport bei einem Menschen auf den ersten Blick. Emily und ich haben diese Begeisterung im Blut. Emily war immer tagelang traurig, wenn das kroatische Handballteam ein Match verlor. Auch ich habe dieses Gefühl, dieses Brennen für den Sport schon immer gehabt. Und ich habe die Gabe zu erkennen, wenn ein Mensch genauso fühlt.

Der große Unterschied liegt darin, ob man ein Talent rechtzeitig gefördert hat. Unter den geförderten Talenten entscheidet aber am Ende das Herz, wer es bis an die Spitze schafft. Es gibt Phasen im Leben jedes Sportlers, in denen er trotz harten Trainings keine Erfolge feiern kann. Dann mischt sich zu Schweiß und Blut pure Verzweiflung.

Selbstzweifel und Mutlosigkeit sind sehr starke Gegner. Nur die Kraft der Leidenschaft kann sie bezwingen. Gewinnen kann nur, wer jedes Mal aufs Neue mit hoch erhobenem Haupt aus der Garderobe kommt und mit dem festen Willen, alle vorhandenen Gegner zu schlagen. Sowohl die physischen am Feld als auch die psychischen im Kopf.

Ervin hatte beides, Talent und Leidenschaft. Das war mir sofort klar. Er würde deshalb ohne langes Grundlagentraining gleich mit uns spielen können. Trotzdem würde er noch viel lernen müssen.

»Jetzt habe ich einen Großen in der Mannschaft, der die anderen ein bisschen verteidigen kann, bevor sie umgeschossen werden«, sagte ich zu Emily.

3

Ervin kam mit zwei Freunden. Patrick und Thomas. Patrick war Linkshänder. Wie Emily konnte er ein doppelter Trumpf werden. Er war genau der Spieler, den die Mannschaft noch gebraucht hatte.

Drei Spiele lagen bereits hinter uns. Wir hatten sie alle verloren. Trotzdem hatten wir jedes Match wie einen kleinen Erfolg gefeiert. Im ersten Spiel hatten wir immerhin mit nur relativ geringer Tordifferenz klein beigeben müssen. Beim zweiten waren es vierzig Tore gewesen. Aber das konnte am Anfang, bevor wir zu einer stabilen Form gefunden hatten, jederzeit wieder passieren. Beim dritten Spiel war die Niederlage wieder hoch ausgefallen, aber nicht mehr ganz so niederschmetternd. Ich war einigermaßen zuversichtlich.

Die Jungs vertrauten mir inzwischen völlig und auch ich glaubte von Tag zu Tag mehr an sie. Sie hatten begriffen, dass ich ihnen nichts vormachte. Ich nahm die Jungs ernst und motivierte sie mit all meiner Kraft.

Es war Freitag und ich gab keinen Sprachunterricht. Ich konnte mich deshalb optimal auf unser Training konzentrieren.

»Wir machen heute Schießübungen«, sagte ich. »Patsi, geh ins Tor. Patrick wirft als Erster.«

Patrick, der Linkshänder, war ein dünner Junge mit flinken Bewegungen. Er war sehr ehrgeizig. Schon einige Male hatte ich beobachtet, wie er sich ärgerte, wenn er verschoss. Seine Mutter war etwa mein Jahrgang und ebenfalls Sportlerin. Von ihr hatte er offensichtlich die enorme Sprungkraft geerbt.

»Spring, Patrick«, rief ich. »Los, Schuss!«
Er schoss daneben.
»Mist, schon wieder.« Er schlug sich mit der linken Faust in die rechte Handfläche, sodass es klatschte.
»Gleich noch einmal.«
Diesmal traf Patrick. Er jubelte.
»Tor!«
Patricks Sprungbewegungen waren wunderschön anzusehen. In der Luft war er leicht wie eine Feder. Und was noch wichtiger war: Er war sehr treffsicher. Nicht der stärkste zwar, aber dafür umso präziser.

Als Nächster nahm Ervin den Ball. Seine Bewegungen waren kraftvoll und ruhig. Seine physische Stärke gab ihm auf dem Feld einen entscheidenden Vorteil, weil allein sein Anblick die Gegner einschüchterte.

»Halt den Ellbogen stabil und hoch«, sagte ich.

Ervin verfügte über eine enorme Körperspannung. Obwohl der Junge noch nicht so lange trainierte wie die anderen, waren seine Muskeln stärker entwickelt. Er machte keine unnötigen zögerlichen Trippelschritte und keine fahrigen, kraftvergeudenden Bewegungen. Alles lief bei ihm schnell und kontrolliert ab, dennoch blieb seine Dynamik natürlich. Er verzog keine Miene, wenn er schoss. Seine Gesichtszüge blieben konzentriert und ernst.

Ervin zielte auf das Tor. Patsi duckte sich vor dem Ball und fiel etwas ungeschickt zu Boden. Der Ball beulte das Netz weit nach hinten aus.

Rasch stand der Torhüter wieder auf, wischte sich die Hände an der Hose ab und lächelte verlegen in meine Richtung.

»Das war stark, Ervin«, sagte ich. »Unhaltbar, Patsi!«
Die Jungs applaudierten euphorisch.

Patsi lächelte mich dankbar an. Auch Ervin schaute zu mir und lächelte scheu. Seine Augen waren klar und ehrlich.

Ich war stolz auf meine Mannschaft.

Beim fünften Match, bei dem wir gegen Hollabrunn spielten, brachten wir unser Gegenüber schon gehörig ins Schwitzen. Und das, obwohl die gegnerische Mannschaft stärker und um einiges erfahrener war als wir.

Es war Ervins erstes Spiel mit uns und wir bemerkten gleich, welchen Gewinn er und die anderen neuen Jungen für unsere Mannschaft darstellten. Am Ende verloren wir zwar erneut, aber diesmal nicht besonders hoch. Das Match war so etwas wie unser erster Triumph, denn Hollabrunn war Tabellenführer der Niederösterreichischen Jugendliga.

Wir hatten drei Wochen lang fünfmal wöchentlich hart trainiert, ganz so wie ich es aus Kroatien gewohnt war. Das Schönste für mich als Trainerin war, dabei zuzusehen, wie die Motivation meiner kleinen Mannschaft mit jedem Tag wuchs. Das Training war anspruchsvoll, aber es machte den Jungs offensichtlich Spaß. Sie alle waren der Herausforderung gewachsen. Sie waren selbstbewusster geworden. Auch ihr Auftreten am Feld zeigte das.

Mir lag enorm viel daran, dass sie an Stärke gewannen. Denn wenige Tage später hatten wir ein wichtiges Turnier in Korneuburg. Die Jungs sollten hier zum ersten Mal die Chance bekommen, sich mit den besten Mannschaften Niederösterreichs zu messen.

Sie waren aufgeregt. Je näher der Termin rückte, desto stärker fiel mir beim Training auf, wie sie immer nervöser wurden. Ich hingegen wurde nicht müde, sie zu beruhigen. Ich wusste, dass meine Jungs Angst davor hatten, sich und mich zu blamieren. Jeden Tag hielt ich ihnen Motivationsreden, vor, nach und während des Trainings.

»Wir schaffen es Jungs! Ihr werdet sie fertigmachen!«, schrie ich über das Feld.

Doch sie wollten ihre Aufregung nicht zeigen. Wieder und wieder beteuerten sie mir, dass sie nicht nervös wären.

»Wie, ihr seid gar nicht aufgeregt?« Ich blickte mit einem gespielt misstrauischen Blick in die Runde.

»Nein, Renata!«, rief Patsi.

»Und wieso?« Ich grinste. »Ist etwas passiert, was mir entgangen ist?«

Die Jungs wussten in der Zwischenzeit, wie sie mich amüsieren konnten. Wir hatten unsere eigene Art von Humor und eine Menge Spaß miteinander.

»Nein«, sagte Patsi. »Nichts ist passiert. Aber wir wissen, dass du nicht zulassen wirst, dass uns irgendjemand lächerlich aussehen lässt.«

Ich musste schnell meine Augen abwenden. Über dieses erste echte Zugeständnis meiner Jungs war ich zutiefst gerührt. Vertrauen ist für mich das Erfolgsgeheimnis – im Sport und in meinem Privatleben. Ich hatte das herrliche Gefühl, dass mein Leben im Moment in den richtigen Bahnen verlief.

Aber dann passierte etwas Schreckliches. Meine Großmutter starb. Sie war seit meiner Kindheit der wichtigste Mensch in meinem Leben gewesen. Sie hatte mich stets auch ohne Worte verstanden. Ich bin ein Mensch, der selten auf den Rat anderer angewiesen ist. Meine Entscheidungen treffe ich rasch, allein und ohne nachher noch lange darüber nachzudenken. Doch in den wenigen Momenten, in denen ich jemanden um Rat fragen wollte, hatte ich mich an sie gewandt. Meine Großmutter war immer für mich da gewesen. Und ausgerechnet an jenem Tag, an dem in Kroatien ihr Begräbnis sein würde, fand dieses erste wichtige Turnier meiner Jungs statt.

Ich war verzweifelt. Was sollte ich bloß tun? Der einzige Mensch, den ich in solchen Momenten des Zweifels und der Selbstzerfleischung um Rat fragen hätte können, meine Großmutter, war für immer für mich verloren. Ich versuchte, einen klaren Kopf zu bekommen. Stundenlang dachte ich alle Möglichkeiten durch und verwarf sie wieder. Schließlich war ich nahe daran, den Verstand zu verlieren. War es überhaupt möglich, das Begräbnis eines geliebten Menschen mit einem reinen Gewissen zu versäumen? Würde ich mir dann mein gesamtes weiteres Leben lang Vorwürfe machen? Ich vermisste meine »Baka« so sehr und fühlte mich ohnmächtig, da ich unter enormem Zeitdruck eine so schwere Entscheidung fällen musste. Irgendwann fragte ich mich schließlich, was meine Großmutter mir wohl in dieser Situation geraten hätte. Ich hörte ihre Stimme in meinem Ohr.

»Bleib bei den Jungs! Sie brauchen dich.«

Ihre lieben Worte drangen bis in mein Herz vor. Und so fasste ich einen Entschluss. Ich rief nach meiner Tochter.

»Emily, komm bitte her.«

Emily sah mich mit ihren großen Augen an.

»Wir fahren nicht nach Kroatien«, sagte ich. »Baka hätte es so gewollt. Bitte versprich mir, vor den Jungs nichts von Großmutter zu erwähnen, bis wir das Turnier hinter uns haben. Ich möchte nicht, dass sie sich Vorwürfe machen. Sie brauchen jetzt ihre volle Konzentration. Verstehst du das?«

»Ist in Ordnung, Mama.« Emily nickte ernst. »Ich habe verstanden. Aber wie geht es dir dabei? Schaffst du das?« Sie kam auf mich zu und nahm mich am Arm. »Ich weiß doch, was es für dich bedeutet, wenn du jetzt nicht nach Kroatien fahren kannst.«

Ich kämpfte mit den Tränen. Mein Innerstes fühlte sich an wie eine große Wunde, in meinem Hals saß ein dicker Knoten. Ich schluckte.

»Du hast recht. Es geht mir wirklich nicht besonders gut.« Ich lächelte müde und zwinkerte ihr zu. »Aber du weißt doch, ich bin ein großes Mädchen. Ich schaffe das schon.«

Ich zog meine Tochter an mich und spürte dabei, wie uns beide zugleich auch die warmen Arme meiner Großmutter umarmten. Ich schloss die Augen und sah vor mir, wie mich meine Baka ansah. Wie früher. Liebevoll und gleichzeitig streng. Vor ihr konnte ich meine Gefühle nicht verbergen.

»Danke, meine Kleine, dass du an mich denkst«, flüsterte ich Emily ins Ohr. »Aber du musst dir wirklich keine Sorgen um mich machen, hörst du?«

Auch Emily hatte jetzt Tränen in ihren wunderschönen braunen Augen. Sie sah mich forschend und zärtlich an. Dann atmete sie tief durch und hielt mich von sich, ihre starken Finger umklammerten fest meine Oberarme.

»Gut, Mama, alles klar. Ich liebe dich.«

»Ich liebe dich auch, mein Schatz.«

Das Turnier verlief sehr gut. Ein Match gewannen wir sogar, eines endete unentschieden, bei drei weiteren Spielen verloren wir. Das war schlichtweg eine kleine Sensation. Doch wir erlitten einen weiteren harten Schicksalsschlag. Patsi brach sich beim letzten Match einen Finger. Für das folgende wichtige Meisterschaftsspiel war uns also unser Tormann abhanden gekommen. Dieses Match sollte nur eine Woche später in Bad Vöslau stattfinden.

In der Nacht vor dem Match schlief ich schlecht. Trotzdem war ich am nächsten Morgen nicht müde, sondern barst förmlich vor Energie. Meine euphorische Stimmung hielt den ganzen Tag an. Auch die Jungs waren hoch motiviert. Nur Jacob, unser neuer Tormann, war ein Nervenbündel. Ich verstand ihn, denn er war gerade einmal fünf Tage zuvor noch Feldspieler gewesen. Doch nach Patsis Ausfall hatte ich keine andere Wahl gehabt. Ich hatte rasch einen neuen geeigneten Mann für das Netz finden müssen. Für Jacob hatte ich mich entschieden, weil er groß war, riesige Hände und extrem lange Beine hatte.

In Wiener Neustadt stiegen wir alle gemeinsam gut gelaunt in den Kleinbus, den uns Patricks Eltern für den Tag zur Verfügung gestellt hatten.

Bevor wir losfuhren, holte ich noch die Tasche mit den Dressen aus meinem Auto. Als ich mit dem Gepäck zum Bus zurückkehrte, hörte ich Marco schon von Weitem kreischen.

»Wi-hir kommen! Wi-hir kommen! Re-hette sich, wer kann!«

Ich stieg in den Wagen, als Marco gerade die Faust in die Höhe reckte.

»Die machen wir jetzt fe-hertig!«

Ich lächelte bei dem Anblick. Während der Fahrt erklärte ich meiner Mannschaft, dass ich bei dem bevorstehenden Spiel in Bad Vöslau keine Risiken eingehen und niemanden dabei erwischen wollte, wie er diese Anweisung ignorierte.

»Was ich sehen will, ist ein sicherer Einsatz und eure totale Konzentration auf das Wesentliche. Vergesst nie das eine: Tore zu verhindern ist eure Pflicht. Tore schießen ist die Kür.«

Die Turnhalle von Bad Vöslau war größer als unsere in Wiener Neustadt. Auf dem Parkplatz sahen wir Scharen von Eltern und Spielern Richtung Halle strömen. Die gegnerischen Spieler liefen lachend, fast siegessicher herum.

Ich musterte sie scharf. Die meisten waren eher klein gebaut und nicht sehr kräftig. Ich hätte sie vor meiner Mannschaft als ziemliche Weicheier beschrieben. In diesem Moment war mir klar, dass wir an diesem Tag unseren ersten richtigen Triumph feiern würden.

Der Weg zu den Umkleidekabinen führte durch einen langen, engen Korridor. Es roch etwas muffig und war ziemlich warm, beinahe schwül. Ich zog trotzdem die Jacke meines Trainingsanzugs an, bevor ich die Garderobe der Jungs betrat. Die Regeln, die für sie galten, galten auch für mich. Ich fand es wichtig, dass alle einheitlich gekleidet waren. Das vermittelte den Jungs untereinander das Gefühl, eine Gemeinschaft zu sein, und machte sie für jeden sofort als Mannschaft erkennbar.

Als ich die Tür öffnete, saßen die Jungs bereits fertig angezogen in ihren schwarzen Dressen auf den Bänken und unterhielten sich leise miteinander. Patrick schnürte seine Schuhe, Olli zog sich die Hose am Bund zurecht.

»Hört zu, Jungs«, sagte ich. »Wie ich schon gesagt habe, immer schön konzentriert bleiben und immer an die Verteidigung denken, okay? Es ist egal, was am Ende des Spiels auf der Tafel mit dem Ergebnis stehen wird. Ich werde nur dann zufrieden sein, wenn ihr mir alles gezeigt habt, was ihr bisher gelernt habt. Das ist das Einzige, was heute für uns alle zählt, verstanden?«

Ich nickte ihnen kurz aufmunternd zu und wir verließen die Garderobe gemeinsam in Richtung Spielfeld.

Die Besucherränge waren etwa zur Hälfte gefüllt. Eltern, Geschwister und Freunde der Gastgebermannschaft drängelten sich auf den langen Bänken. Erwartungsvolle Gesichter leuchteten uns entgegen. Einige Zuschauer hatten Getränke und Chips dabei. Der gegnerische Trainer kam auf mich zu. Wir grüßten einander kurz.

Nach einem schrillen Pfiff begann das Spiel. Von Anfang an zeigte sich, dass wir die bessere Mannschaft waren. Die Spieler von Bad Vöslau konnten sich gegen unsere aggressive Verteidigung nicht durchsetzen. Sie hatten keine Chance, bei Marco und bei Ervin durchzukommen. Kaum schaffte es einer, mühevoll durch die bestens abgeschirmten Flügel vorzudringen, hielt Jacob jeden Versuch, ein Tor zu erzielen, erfolgreich ab. Er hielt sich wirklich hervorragend, obwohl er als Tormann ein Anfänger war. Die Halbzeit endete mit unserer Führung.

In der zweiten Halbzeit kam Bewegung in die gegnerische Mannschaft. Verzweifelt versuchte der Trainer von Bad Vöslau, das Defizit durch einen häufigen Wechsel seiner Spieler wieder wettzumachen.

Ich hatte auf der Reservebank fünf Spieler sitzen, aber eigentlich nur, um den Schein zu wahren. Meine Reservespieler waren zehn und elf Jahre alt und hätten hier ganz sicher nicht den Funken einer Chance gehabt.

Die Jungs agierten auf dem Feld harmonisch und immer wieder blickten sie erwartungsvoll zu mir, um sich ein paar Anleitungen oder motivierende Blicke zu holen. Besonders Ervin spielte sensationell. Er schoss insgesamt fünfzehn Tore. Am Ende gewannen wir mit fünf Treffern Vorsprung. Die Jungs führten einen Freudentanz auf, während die Gegner gebückt das Feld verließen.

Mein Team gab sich dem Jubel hin, als wäre es eben Weltmeister geworden. Auch ich war überwältigt und die Spannung der letzten Wochen fiel von mir ab. Ich war erleichtert und die Szene vor mir lief wie in Zeitlupe ab.

Ein Jungengesicht, ein zweites, rote Backen, Kinderlachen, dünne Beine in zu großen Sporthosen, die ausgelassen durch die Halle hüpften, helle Stimmen und unbändige Freudentränen. Ich war bewegt, drehte den Kopf nach rechts und da blieb mein Blick an einem der Spieler hängen.

Das Bild vor meinen Augen wurde wieder klar und real. Diesmal war es nicht der Schuss mit dem Ball, sondern der Blick aus seiner Seele, der mich traf. Mir stockte der Atem und für einen

Augenblick war es ganz still um mich. Ervin ist kein Kind mehr, schoss mir durch den Kopf.

4

»Los geht's!« Marco jubelte lauthals und sprang als Erster in den Bus.

»Kann ich ganz vorne sitzen?« Olli hievte seine Trainingstasche, die fast genauso groß war wie er, die Stufe des Kleinbusses hinauf. Vorher klopfte er die Füße ordentlich vom Schnee frei.

Jacob lief ihm hinterher, rutschte aus und landete samt seinem Rucksack vornüber im Schnee. Die anderen Jungs kicherten. Auch ich konnte mir ein Grinsen nicht verkneifen.

»Na los, mach schon, ich erfriere!« Lukas half Jacob wieder auf die Beine. Ein eisiger Wind wehte in den Bus. Es war Mitte Dezember. Ich deutete den übrigen Jungs, sich zu beeilen.

»Hopp, einer nach dem anderen«, rief ich vom Fahrersitz aus. Ervin war der Letzte, der einstieg. Er schloss die Wagentür mit einem hörbar festen Ruck.

»Alle Mann an Bord!« Mit nach oben gehaltenem Daumen zwinkerte er mir zu.

Ich spürte die knisternde Reisestimmung im Inneren des Wagens. Es war unsere erste gemeinsame Fahrt, die über österreichische Grenzen hinausging. Wir fuhren nach Kroatien, nach Poreč, in meine Heimat. Die Jungs würden drei Tage weg von ihren Eltern sein. Ich drehte den Zündschlüssel und warf einen Blick durch den Rückspiegel auf meine acht Schützlinge. Ich hatte nur die besten Jungs für dieses Abenteuer ausgesucht. Genaugenommen hatten wir bei dem Turnier in Poreč nichts zu suchen. Dort waren alle anderen Mannschaften stärker als wir. In einem Land wie Kroatien, wo man über Disziplin im Sport anders denkt als in Österreich, wird auch anders trainiert. Härter, konsequenter, ernster.

Als ich von dem Turnier im Internet gelesen hatte, hatte ich gedacht, so ein Wettkampf könnte eine gute Erfahrung für meine aufstrebende Mannschaft sein. Ich hatte ein paar Kollegen angerufen und von meinem Vorhaben informiert. Wir waren die einzige ausländische Mannschaft und hatten nichts zu verlieren. Das erlaubte es uns, entspannt und ohne Druck diverse Spieltaktiken zu üben. Im Gegenteil war ich davon überzeugt, dass die Jungs an der Erfahrung nur wachsen konnten und eine Reise in ein neues Land jedenfalls eine Bereicherung für sie sein würde. Lukas hatte sich besonders auf die Reise gefreut. Er war Jahrgang 1995 und somit ein Jahr älter als die anderen Jungs. Daher durfte er in diesem Jahr bei unseren offiziellen Turnieren, die wir als U13-Mannschaft spielten, nicht dabei sein. Ein Auslandsturnier war also ideal für ihn.

Für unsere kleine Gemeinschaft bot dieser Ausflug auch einen zusätzlichen positiven Aspekt. Wir würden genügend Zeit haben, uns auch abseits des Spielfelds besser kennenzulernen. Das würde uns helfen, uns zukünftig als Mannschaft noch stärker zu beweisen. Mein Ziel war es von Anfang an gewesen, meinen Schützlingen klarzumachen, dass es bei unserem Sport nicht nur darum ging, Tore zu schießen und Erfolgserlebnisse zu feiern. Für mich ist Sport eine Art zu leben. Es geht immer um die ganze Lebensweise, wie man sich ernährt, anzieht und auch abseits des Spielfelds verhält.

Die Fahrt verlief ruhig, auf der Autobahn war wenig Verkehr und wir kamen schnell voran. Immer wenn ich nach Kroatien fahre, spüre ich eine wahnsinnige Energie, eine Vorfreude im ganzen Körper. Mit jedem Kilometer, den ich mich meiner Heimat nähere, wird sie stärker. Dann bilde ich mir ein, das Meer schon riechen zu können, lange bevor ich es sehen kann. In Österreich fehlt mir der Duft von Salz in der Luft sehr.

Je näher wir unserem Ziel kamen, desto aufgeregter wurde auch die Meute hinten im Bus. Ich hörte die Jungs lachen und von ihren vergangenen Urlaubserlebnissen mit ihren Eltern und Freunden erzählen.

»Schaut mal, wir sind gleich da.« Marco trommelte mit den Händen wild auf der Sitzlehne seines Vordermannes, als er das Schild sah. Es waren nur noch fünfzehn Kilometer bis zu unserem Ziel. Die Jungs jubelten. Nur Lukas schluchzte theatralisch.

»Mamaaa! Ich will wieder nach Hause! Ich hab Heimweh!« Mit der Hand wischte er imaginäre Tränen weg.

Die anderen Jungs prusteten vor Lachen. Lukas war neben Marco die Spaßkanone in der Mannschaft. Die beiden sorgten immer für gute Stimmung.

»Gleich haben wir es geschafft, meine Herren«, rief ich nach hinten. Ich sah auf die Uhr. Knappe sechs Stunden hatten wir für die Fahrt gebraucht.

Dank der Hinweisschilder in der Stadt fand ich das Hotel, das ich für uns im Internet auf Empfehlung eines Kollegen gebucht hatte, auf Anhieb. Ein einfaches und typisches Drei-Sterne-Hotel in gutem Zustand, das wie viele andere in den Siebzigerjahren entstanden war. Auf den Bildern im Internet hatten die Zimmer zwar etwas abgewohnt ausgesehen, aber dafür umso gemütlicher. Ich fand, es war für unsere Zwecke genau das Richtige. Mit dem Wagen fuhr ich bis direkt vor den Eingang. Ein junger Mann in Hoteluniform kam uns entgegen und bot uns seine Hilfe beim Ausladen an. Sie hatten uns offenbar schon erwartet.

»Ihr seid die Sportgruppe aus Österreich?«, fragte er freundlich, als er unsere Reisetaschen auf einen Rollwagen lud. »Willkommen in Poreč!«

Da für uns am Ankunftstag keine Spiele auf dem Programm standen, schlug ich vor, keine Zeit mit Auspacken zu verlieren und stattdessen sofort in die Stadt zu gehen.

»Und was genau sollen wir da machen?«, fragte Olli.

»Zuerst gibt es ein bisschen Kultur. Ich zeige euch die Altstadt und anschließend gehen wir etwas essen«, sagte ich.

Die Jungs nickten zustimmend. Aufregung und Neugierde standen in ihre Gesichter geschrieben.

»Super Idee!« Wieder hielt Ervin den Daumen hoch. Die anderen Jungs taten es ihm gleich. Dieses Zeichen war zu einer Art Geheimcode unserer Mannschaft geworden.

Wir schlenderten über das grobe Kopfsteinpflaster der Altstadt und ich spielte die Fremdenführerin. Ich erklärte meiner kleinen Gruppe, dass Poreč die Riviera von Istrien genannt wird und zu den bedeutendsten Feriengebieten Kroatiens gehört.

»Alt-Poreč wurde von der UNESCO sogar zum Weltkulturerbe ernannt.« Mit der Hand deutete ich zur Euphrasius-Basilika. Als wir an ihr vorbeigingen, zeigte ich auf die bunten byzantinischen Mosaiken aus dem sechsten Jahrhundert. »Wollt ihr auf den Glockenturm?«

»Ich hab Hunger!« Patsi machte sich mehr aus Mehlspeisen als aus Kultur und rieb beim Gehen lustlos mit der Hand an der Mauer entlang. Auch die anderen Jungs schienen etwas gelangweilt, obwohl sie zuhörten. Ich musste lachen und erzählte von den jungen Künstlern, die im August während des Street-Art-Festivals die Altstadt mit Aktionen und Performances belebten. Da drehten sich die Köpfe erwartungsvoll in meine Richtung.

»Gibt's da auch Musik?« Ervins leuchtende Augen brachten mich auf eine Idee.

Wir gingen die Promenade entlang. Im Sommer wimmelt es dort nur so von Ausflugsbooten und bunten Ständen, die

Bratfisch, Wein und Bier anbieten. Jetzt im Winter war es hier ziemlich ruhig. Endlich standen wir vor dem Monaco, einem kleinen Lokal, von dem ich wusste, dass dort das ganze Jahr hindurch abends Live-Musik gespielt wurde. Wir bestellten heiße Schokolade und Mehlspeisen.

»Lecker!« Patsi stopfte gierig einen Kuchen in sich hinein und stupste Ervin an, der neben ihm saß. »Schau mal da hinten!« Er deutete auf die Bühne neben dem Eingang des Restaurants.

»Wow, cool!« Ervin schaute begeistert zu, wie zwei Musiker ihre Instrumente aufbauten. In Kroatien singen und musizieren fast alle Menschen gerne und gut. Bei uns ist Musik wie Sport ein Stück Kultur und Ausdruck der Lebensfreude. Die beiden Künstler spielten Blues. Für meine Jungs war das sicher die erste Live-Performance ihres Lebens.

»Das ist schon jetzt mein Lieblingslokal in der Stadt«, sagte Ervin. Seine Beine berührten leicht meine Oberschenkel. Ich bemerkte, dass er neben mir Platz genommen hatte. Er lachte mich an und ich senkte den Blick. Ich spürte, wie sich eine seltsame Elektrizität in meiner Magengegend breitmachte. Nervös sprang ich auf und verschwand auf die Toilette. Als ich zurückkehrte, war ich wieder ganz ruhig. Große Augen verfolgten das Geschehen auf der Bühne. Lukas und Ervin wippten im Takt der Musik. Ich war in diesem Moment sehr stolz auf mein Land.

Am nächsten Tag begannen die Matches. In der Garderobe wies ich meine Mannschaft an, eine neue Verteidigungsvariante auszuprobieren.

Üblicherweise spielten wir eine 3:3-Deckung, also drei Spieler hinten am Kreis und die anderen drei Spieler vorgezogen. In Österreich ist 3:3 für Jugendmannschaften unter fünfzehn Jahren Pflicht. Ich wollte mit einem neuen Experiment einen Blick in die sportliche Zukunft riskieren und dabei sehen, wie sich meine Schützlinge mit einer noch ungewohnten Spieltaktik durchschlagen würden. Ich bot ihnen die 6:0-Abwehrformation an, die im Erwachsenenbereich meistgespielte Variante der Verteidigung. Durch die Positionierung aller sechs Abwehrspieler auf einer Linie am eigenen Kreis gibt es dabei wenig Durchbruchsmöglichkeiten und umso weniger Torchancen für die Gegner. Wir steckten die Köpfe zusammen, wie immer vor einem Match. Händeklatschen, aufmunternde Blicke und der gemeinsame Schlachtruf.

»Wir schaffen es!«

Als wir uns nach dem Spiel in der Garderobe zur Nachbesprechung trafen, blickte ich in zufriedene, strahlende Augenpaare.

»Ihr wart großartig! Die haben ja schöne Gesichter gemacht«, sagte ich und sah der Reihe nach jeden einzelnen Spieler an. An Ervins Augen blieb ich hängen. Er war der klare Torkönig gewesen und hatte insgesamt neunmal ins gegnerische Netz getroffen. Gemeinsam mit Jakob, der sein Tor tapfer verteidigt hatte, war Ervin für das Unentschieden verantwortlich, mit dem wir stolz vom Platz gegangen waren.

»Das letzte Tor, das du in die linke untere Ecke geknallt hast, war der Hammer, Ervin. Hut ab!« Ich klopfte Ervin auf die Schulter und bildete mir ein, dass er rot wurde. Schnell zog ich die Hand zurück.

Die Mannschaft applaudierte.

Ich lobte der Reihe nach weiter.

»Lukas, bravo! Geniale Sprünge!« Es war immer wieder eine Freude, dem Jungen dabei zuzusehen, wie er durch die Luft wirbelte. Trotz seines eher kräftigen Körperbaus hatte er die Leichtigkeit eines Tänzers und verfügte über eine natürliche

Sprungdynamik, die es ihm erlaubte, extrem lange in der Luft zu verharren.

»Benni, dein Pass nach der Halbzeit war auch traumhaft. Und am meisten freut mich, dass du voll attackiert hast und dich getraut hast, aufs Tor zu schießen.«

Normalerweise war Benni eher schüchtern. Obwohl er spielerisch sehr gut war, gab er häufig aus Unsicherheit den Ball lieber ab, anstatt selbst zu schießen. Aber heute war auch er über seinen Schatten gesprungen. »Weiter so, Benni. Von mir aus kannst du fünfmal daneben schießen, irgendwann triffst du schon, du wirst sehen! Aber wenn du es nicht versuchst, wirst du nie ein Tor schießen.«

Bennis Mutter hatte mir neulich nach dem Training erklärt, wie dominant sein großer Bruder war und wie sehr Benni darunter litt. Die anerkennenden Pfiffe und das Schulterklopfen seiner Kollegen ließen ihn strahlen. Man konnte förmlich dabei zusehen, wie er an Selbstbewusstsein gewann und über sich hinauswuchs.

»Nach dem Essen, um dreizehn Uhr treffen wir uns dann alle wieder hier!«

Ich entließ die Jungs zum Mittagessen. Psychologisches Geschick ist für einen Handballtrainer mindestens ebenso wichtig wie gute Kenntnisse über den Sport, dachte ich. Ich wollte vor dem nächsten Match am Nachmittag noch eine Runde mit ihnen spazieren gehen. Es war wichtig, dass die Muskeln der Spieler in Bewegung blieben.

Als wir zum Meer aufbrachen, setzte sich die Sonne gerade gegen einen riesigen Wolkenberg am Horizont durch. Es war ein frostiger Tag. Minus drei Grad. Auf dem kleinen Weg, der hinunter zum Wasser führte, lagen noch Spuren von Schnee.

Die Steine knirschten unter unseren Füßen am Strand.

»Schaut mal, diese Wellen!« Patsi lachte aufgeregt. »Ich bin zum ersten Mal in meinem Leben am Meer. Mmh, und das riecht so gut hier!«

Ein älterer Mann, der etwa fünf Meter von uns entfernt stand, beobachtete die ausgelassene Schar. Er rief mir auf Kroatisch zu, dass die Schneemänner schick aussähen in ihren Dressen. Ich lachte zurück.

»Das sind Handballer aus Österreich. Es ist ihr erster Ausflug nach Kroatien.«

»Willkommen Österreich!«, rief der Mann herzlich, winkte und schickte Handküsse in unsere Richtung.

»Was will der von dir?« Ervins Tonfall war forsch. Ich sah, wie er den Mann abfällig musterte.

»Er wollte euch nur willkommen heißen«, sagte ich.

»Aha.« Ervin fasste mich sanft am Oberarm und drehte mich in die andere Richtung. »Schau!« Er deutete mit dem Finger auf Marco, der gerade damit beschäftigt war, Steine aufzusammeln.

Irgendwie hatte Ervin mit seiner Geste eine gewisse Eifersucht, zumindest aber eine Art Besitzanspruch zum Ausdruck gebracht. Ich unterdrückte ein Schmunzeln, deutete eine Abwehrbewegung in seine Richtung an und stellte verwundert fest, dass ich Gefallen an diesem Gedanken fand. Rasch drehte ich mich zu den anderen und begann, ein bisschen zu laut über die Adriaküste zu schwärmen.

»Schaut euch dieses Wasser an. Die Adria ist so klar, dass man auch weit draußen noch bis auf den Grund sehen kann. Wusstet ihr, dass das Meer in Kroatien das sauberste auf der ganzen Welt ist?«

Marco warf einen Stein und ließ ihn über das Wasser hüpfen, sodass sich die Oberfläche kräuselte.

»Jetzt nicht mehr«, sagte er.

Ich musste lachen. Marco war immer für einen Scherz gut. Ich erzählte den Jungs von der blauen Flagge, die hier an fast allen Stränden gehisst wurde, und dass sie ein Zertifikat des internationalen Umweltprogramms für den Schutz von Meer und Küste war. Dann wandte ich mich erneut Marco zu.

»Wenn jeder hier dauernd Steine aufsammeln und ins Meer werfen würde, wäre bald nichts mehr von dem schönen Strand übrig!«

Ich sah die Bagger vor mir, die im Sommer jeden Morgen die Kiesel wieder zurechtschoben und den Müll der Touristen einsammelten. Marco nickte betroffen und leerte seine Hosentaschen. Ich gab ihm einen freundschaftlichen Klaps auf die Schulter und wir zogen weiter.

Der Rückweg zum Hotel führte uns eine enge Gasse entlang steil bergauf. Wir kamen an einer kleinen Galerie vorbei, in der kroatische Künstler ausstellten. Sie hatte geschlossen, aber durch das Fenster waren einige der Bilder zu erkennen. Sie leuchteten bunt. Ich blieb stehen und ging näher zum Fenster, um etwas mehr sehen zu können. Die Scheiben reflektierten das Sonnenlicht, sodass ich das Innere des Raumes schlecht erkennen konnte. Mit der Zeit gewöhnten sich meine Augen an die Lichtverhältnisse und machten auf der rechten Wand des Raumes ein dunkelblaues Graffiti mit ein paar gelben und roten Elementen aus. Diese drei Farben haben immer schon eine besondere Anziehung auf mich ausgeübt. Ich liebe die impressionistische Malerei des 19. Jahrhunderts. Wenn es meine Zeit erlaubt, male ich auch manchmal selbst ein bisschen.

Ich presste meine Stirn gegen die Scheibe, um noch besser zu sehen, und hörte, wie sich die Stimmen der Jungs entfernten. Ich fixierte ein abstraktes Bild. Bei genauem Hinsehen erkannte man mitten im Dunkelblau unzählige kleine und größere schwarze

Punkte. Sie sahen aus wie Fische, die in einem uferlosen Meer tanzten.

»Hey, wartet mal!« Ich pfiff durch die Finger.

Als ich mich nach meinen Schützlingen umdrehte, stieß ich mit der Schulter an Ervins Brust.

Es war mir nicht aufgefallen, dass er nicht mit den anderen vorausgelaufen war. Ich zuckte zurück, dann lächelte ich. Ervin war viel größer als ich. Unsere Blicke trafen sich.

Mechanisch zupfte ich an meinen Haaren. Ich trat von einem Bein auf das andere. Ich verspürte das Bedürfnis eine Runde joggen zu gehen.

Die anderen Jungs näherten sich uns langsam. Mein Blick schweifte auffordernd zurück zu dem Kunstwerk.

»Schaut mal da rein!« Ich deutete auf das blaue Bild. Ervin folgte meinem Finger mit seinem Blick und betrachtete das Kunstwerk mit zusammengekniffenen Augen, als würde er so mehr erkennen können.

»Und?« Ervin zuckte mit den Schultern. »Was genau soll das sein?«

»Das ist abstrakte Kunst«, sagte ich.

»Das ist doch nur Gekleckse!«

Ich versuchte, den Jungs den Begriff abstrakt zu erklären.

Ervin gab nicht auf.

»Es sieht eher aus wie das Bild, das meine kleine Schwester meiner Mama neulich zum Geburtstag geschenkt hat.«

»Kommt schon, strengt euch ein bisschen an. Ihr könnt mehr! Lasst eure Fantasie spielen«, sagte ich. »Jeder Mensch sieht etwas anderes in dem Blau. Bemüht euch. Was siehst du, Olli?« Ich sah ihn ermutigend an.

»Weiß nicht. Das Meer?« Er blickte fragend zwischen mir und dem Bild hin und her.

»Also ich finde, das sieht aus wie ein Vogel. Da oben, seht ihr den Schnabel?« Lukas fuchtelte mit den Fingern in der Luft herum, zeichnete einen spitzen Schnabel und machte Piepsgeräusche.

Die anderen Jungs schauten gebannt in die Auslage und wurden neugierig.

»Vielleicht ist es ja auch ein außerirdisches Wesen oder so?« Patrick kratzte sich angestrengt am Kopf.

Eine rege Diskussion hatte sich entwickelt. Ich lächelte in mich hinein und dachte an einen Urlaub mit Carla und Emily in Irland. In Dublin waren wir von einer Kunstgalerie zur nächsten gezogen. Die beiden mochten es wie ich, stundenlang vor einem Bild zu verharren.

Ich liebe es, den jungen Menschen etwas von der Welt zu zeigen, sie für Dinge, die sie nicht kennen, zu begeistern. In ihnen Neugierde und Wissensdurst zu wecken. Das hat für mich etwas unendlich Lebendiges. Ich finde es wichtig, dass sich Menschen nicht nur für Fernsehen und Computerspiele interessieren, sondern auch für Kultur.

Für mich war Kunst schon immer eine Inspiration. Ich gehe oft allein in Museen und lasse mich von den Bildern fesseln. Das ist meine Art, manchmal einfach loszulassen und jenseits von den Pflichten des Alltags zu meditieren.

»Blau ist meine Lieblingsfarbe«, sagte Ervin leise, als sich die Gruppe wieder in Bewegung gesetzt hatte. Er stand noch immer dicht bei mir. Ich spürte, wie mir seltsam warm ums Herz wurde.

Die Zeit in Kroatien verging wie im Flug. Am dritten Tag unserer Reise gab es mittags ein mediterranes Buffet mit frischen Fischen, Gemüse und bunten Salaten. Die Jungs hatten wie immer Bärenhunger. Mir entgingen die bewundernden Blicke meiner kroatischen Kollegen nicht, als meine Mannschaft im Gänsemarsch in ihren adretten grauen Westen meiner Lieblingsmarke für Sportbekleidung, Hummel, zum Essen erschien. Diszipliniert, ordentlich und ruhig. Ervin wich mir die ganze Zeit über nicht von der Seite.

»Wie hast du das bloß geschafft?« Der Mann im Trainer-Outfit stieß mich freundschaftlich in die Rippen und deutete mit dem Kopf zu meinen Jungs. Dabei half er mir mit einem Stück Fisch, das ich gerade auf meinen Teller laden wollte. »Die gehen ja wie die Soldaten.«

Ich zuckte mit den Schultern, grinste und nahm etwas Salat.

»Wie lange trainierst du die Jungs denn schon?« Er ließ nicht locker. »Ich bin übrigens Ivan.«

»Renata. Ich habe die Mannschaft erst vor zwei Monaten übernommen.«

Er pfiff leise und nickte bewundernd, während er sich Joghurtdressing über seinen Salat goss und mir ebenfalls welches anbot. Ich hielt ihm meinen Teller hin. Die weiße Sauce tropfte auf die Blätter.

»Hut ab! Dafür waren die Jungs ja wirklich sehr gut am Feld heute Morgen«, sagte Ivan. Er sah mich direkt an.

»Danke.« Beim Hochschauen erkannte ich in Ivan den Trainer der Gastgeber-Mannschaft, die wir am Vormittag mit sieben Toren vom Platz gefegt hatten. Innerlich platzte ich fast vor Stolz.

Ivan trug die Niederlage mit Fassung. Das zählt auch zu jenen Phänomenen, die ich an meiner Heimat so liebe. In Kroatien regieren Fairness und Sportsgeist. Jeder gönnt dem anderen den Erfolg als verdienten Lohn für den investierten Fleiß.

Ivan klopfte mir mit der Hand anerkennend auf die Schulter. In meiner Heimat berühren sich die Menschen gerne und oft. Wir sind ein warmes, leidenschaftliches Volk und zeigen unsere

Emotionen. Ich strahlte ihn dankbar an. Über seine Schulter hinweg sah ich, wie uns Ervin beobachtete.

5

Es war schon dunkel, als ich zur Halle fuhr. Ich trug ein relativ dünnes schwarzes Jerseykleid unter meiner dicken Winterjacke. Die High Heels erwiesen sich bei der ungewöhnlichen Kälte auch nicht gerade als brillante Idee.

Ich fluchte leise in meiner Muttersprache, während ich die Heizung im Wagen hochfuhr. Das Gebläse trieb mir die Tränen in die Augen. Der Temperaturanzeiger schien sich über meine Unvernunft lustig machen zu wollen und zeigte demonstrativ auf minus 4,5 Grad Celsius. Ich drehte das Radio auf, gerade rechtzeitig zur Wettervorhersage.

»Besonders starke negative Temperaturabweichungen zum langjährigen Novembermittel gibt es heuer in Wien und Niederösterreich«, schallte es aus dem Lautsprecher. Ich drehte am Senderknopf. Nicht zum ersten Mal fragte ich mich, aus welchem Grund im Radio immer so viel geredet wird. Beim Fahren bevorzuge ich eindeutig Musik.

Vor mir tauchten bereits die Lichter der Turnhalle auf. Sie strahlten eine gewisse Feierlichkeit und Gemütlichkeit aus. Wir hatten uns darauf geeinigt, dass alle Eltern zu meiner heutigen Geburtstagsfeier Kuchen, Torten und allerlei Kleinigkeiten mitnehmen sollten. Ich hatte ein Tablett mit duftenden Schinkensandwiches vorbereitet. Als ich über den knirschenden gefrorenen Boden lief, rutschte ich ein paar Mal mitsamt meiner Brote aus und fiel beinahe hin. Nur meine trainierte Muskulatur bewahrte mich vor gröberen Katastrophen. Ich erreichte das große Tor, ohne zu stürzen.

In der Halle empfing mich endlich wohlige Wärme. Ich merkte, wie sich meine hochgezogenen Schultern langsam entspannten. Meine Hände und Füße waren noch eiskalt. Aus der oberen Etage, in der sich die Kantine befand, drang fröhliches Gelächter und Gemurmel. Offensichtlich waren schon viele Gäste da. Ich entdeckte die ersten bekannten Gesichter. Trotz meiner hohen Absätze musste ich mich nicht besonders anstrengen, aufrecht zu gehen und bewältigte die breiten Stufen mit einer gewissen Leichtigkeit. Im rechten Teil des Raumes stapelte sich schon auf langen Tischen das Essen. Es gab Salate, Würstchen und unzählige Stangen Baguette. Die Eltern der Kinder hatten glitzernde Girlanden aufgehängt und das Buffet mit Teelichtern geschmückt. Es sah feierlich aus. Die meisten Kinder saßen mit vollen Tellern an den Tischen auf der anderen Seite des Raumes und unterhielten sich lebhaft. Ich winkte Patsi und Patrick zu.

»Hallo Renata«, rief Marco und schwenkte von Weitem seine Gabel zum Gruß. »Das Geburtstagskind ist da!«

Ich lachte und warf meinen Kopf in den Nacken. Da bemerkte ich Ervin. Er saß etwas abseits, lachte nicht mit den anderen, sondern starrte mich stumm an. Mit leicht zusammengekniffenen Augen verfolgte er jede meiner Bewegungen. Wie ein Raubtier, das sich auf seine Beute konzentriert, schoss mir durch den Kopf.

Ich wankte und mir fröstelte. Ich verspürte den sinnlosen Drang, mein Kleid zurechtzuzupfen oder mir durch die Haare zu fahren, aber meine Hände waren an das Tablett gefesselt. Ich blickte kurz auf meine Füße und hob dann abermals den Kopf. Ervins Blick traf mich erneut – intensiv wie sein Hammerschuss. Es gab keinen Zweifel. Der Junge sah mich an wie ein Mann, der die erste Frau auf Erden erblickt. Ich hielt mich verkrampft an dem Tablett fest, bis ich meine ohnedies klammen Finger kaum mehr spürte. Ich wankte wieder leicht. Mein Herz pochte und mir war klar, dass es nicht die Stufen waren, die mein Blut in Wallung brachten.

In diesem Moment wusste ich es. Ervin hatte sich in mich verliebt.

»Hallo allerseits!«

Ich gab mir einen Ruck. Einen Augenblick lang fühlte ich mich, als hätte ich nicht die breiten Treppen der Turnhalle, sondern ein paar steile Klippen über dem tosenden Meer erklommen. Mir war warm geworden und ich fühlte, dass ich strahlte. Ich wusste auch warum. Was ich nicht wusste, war, wohin ich mich wenden sollte.

Ich konnte Ervin unmöglich gegenübertreten. Mich zu verstellen ist noch nie meine Stärke gewesen. Mir wurde in diesem Moment meine Situation, die absurder nicht sein konnte, in ihrer ganzen Tragweite klar. Ervin war ungefähr so alt wie meine jüngste Tochter. Ich bin kein Mensch mit Vorurteilen, aber so etwas hätte ich mir in meinen kühnsten Träumen nicht vorstellen können. Nie wäre mir eingefallen, dass ausgerechnet mir eine solche Undenkbarkeit passieren könnte. Einer meiner Spieler hatte sich in mich verliebt. Und er war auch mir ganz und gar nicht egal.

»Guten Abend, Renata. Alles Gute zum Geburtstag!« Patsis Mutter begrüßte mich herzlich mit zwei Küssen rechts und links auf die Wange. »Du siehst heute aber hübsch aus!«

Sie musterte mich bewundernd von oben bis unten. Spieler und Eltern hatten mich selten in etwas anderem als meinem Trainingsanzug gesehen. Es war mir sogar schon passiert, dass mich Menschen nicht gleich erkannten, wenn ich Zivilkleidung trug. Lange hatte ich überlegt, ob ich in einem Kleid auf meiner Geburtstagsfeier erscheinen sollte. Ich hatte daheim verschiedene Outfits anprobiert, bis ich mich schließlich entschieden hatte. Ich dankte Patsis Mutter überschwänglich. Sie verwickelte mich in ein Gespräch über die bevorstehenden Festtage, wie viele Menschen sie bekochen würde und dass Weihnachten ein nettes, aber auch anstrengendes Fest sei. Es fiel mir schwer, bei der Sache zu bleiben. Ich konnte förmlich fühlen, wie sich Ervins Blicke in meinen Rücken bohrten. Mir war, als würde sich die Welt nicht mehr in ihre gewohnte Richtung drehen.

»Werdet ihr Weihnachten hier feiern oder fährst du zu deiner Familie nach Kroatien?«, hörte ich eine andere Mutter fragen.

Das Wort Familie hallte in meinen Ohren wider. Was würde meine Familie wohl sagen, wenn jemals etwas zwischen Ervin und mir passieren würde? Ich war noch nie unehrlich zu ihnen gewesen, wir hielten zusammen und vertrauten einander. Was würde mein Noch-Ehemann sagen? Er war mir ein guter Freund, ein wunderbarer Vater meiner Töchter. Wie würde ich ihm so eine Nachricht beibringen? Sofort verwarf ich den Gedanken. Wo dachte ich hin? Ich zögerte und drehte mich dann langsam in Ervins Richtung. Es war, als ob mich eine unsichtbare Hand langsam, aber energisch bewegte.

»Guten Abend, Renata«, sagte Ervin leise. Seine klaren Augen beruhigten mich sofort. Seine ganze Erscheinung hatte etwas unglaublich Vertrauenserweckendes. Ich stand ihm gegenüber und wusste, dass es nichts zu verbergen gab. Ich hatte die Kontrolle über mich wieder.

»Guten Abend, Ervin«, antwortete ich.

»Du hast ja ein Kleid an«, sagte er lächelnd.

»Ja, glaubst du, dass meine Garderobe nur aus Trainingsanzügen besteht?«, fragte ich. Ich lachte und ging zum Buffet.

Als ich mit einem Teller voller Kuchen zurückkam, deutete mir Ervin, mich zu ihm zu setzen. Sein Mobiltelefon piepste. Er fischte es aus seiner Jackentasche, sah darauf, stöhnte kurz und steckte es wieder weg.

»Was ist los?« Ich sah ihn an.

Er rollte mit den Augen.

»Diese doofen Mädchen. Seit Tagen schreibt mir diese Lila aus Emilys Handballmannschaft so peinliche SMS.« Er machte eine abfällige Handbewegung.

»Was denn?«, fragte ich.

Ich war amüsiert und neugierig zugleich. Ich hatte meine Fassung wiedergewonnen und fühlte mich nun einfach wohl mit ihm. Immer wenn ich mit Ervin zusammen war, lief alles völlig natürlich ab. Meine Aufregung war einem Gefühl der Geborgenheit gewichen.

»Was weiß ich.« Ervin zuckte mit den Schultern. »Ob ich mit ihr gehen will, irgendein kindischer Blödsinn. Hab's schon gelöscht.«

Ich überlegte kurz, dann nickte ich zustimmend. Die meisten Mädchen im Alter von dreizehn, vierzehn Jahren sind sehr kindlich und albern. Ich war nie so gewesen. Auch Emily würde nie einem Jungen verliebte SMS hinterherschicken. Meine Tochter ist mir auch in dieser Hinsicht ähnlich. Ich verabscheue es zutiefst, wenn Frauen Männern hinterherlaufen. Meine Freunde belächeln mich immer als altmodisch, aber ich bin da sehr traditionell erzogen worden. Für mich ist das eine Frage weiblichen Ehrgefühls. Obwohl ich ein sehr unabhängiger Charakter bin, habe ich noch nie etwas davon gehalten, wenn eine Frau den männlichen Part in einer Beziehung übernimmt.

»Willst du noch etwas essen?«, fragte ich Ervin.

»Nein, ich glaube, ich möchte gehen. Kommst du mit?«, fragte er mit seiner sanften, dunklen Stimme.

Es war zur Gewohnheit geworden, dass ich ihn nach dem Training mit dem Auto von der Halle nach Hause fuhr. Das Haus seiner Mutter lag nur wenige Minuten von der Sporthalle entfernt auf meinem Heimweg. Doch an diesem Abend war alles anders. Heute hatte es kein Training gegeben und heute Abend waren wir keine Handballspieler. Ich war eine Frau und Ervin bat mich, mit ihm zu gehen. Ich fühlte mich beschwingt. Für einen kurzen magischen Moment war ich verliebt wie ein junges Mädchen.

Im Auto drehte ich die Musik etwas lauter. Pink. Pink ist für mich ein weiblicher Bob Dylan. Sie schafft es, mit ihrer Musik ihre Meinung zu sagen. Ich mag Menschen, die eine eigene Meinung haben und sie auch vertreten. Das ist für mich eine Art von Zivilcourage. Meine Großmutter nannte mich früher immer liebevoll einen Kindskopf, wenn ich meine Ideen oder andere Menschen vehement gegen das Unrecht dieser Welt verteidigte.

Ervin summte mit. Er saß neben mir auf dem Beifahrersitz und ich sah zu ihm hinüber.

»Stehst du auf Pink?«, fragte ich.

»Sehr! Ich mag es, wenn Musik Geschichten erzählt. So wie bei Sido oder Eminem.«

Ich nickte und drehte lauter. Er hatte den gleichen Geschmack wie ich.

Wir waren vor dem Haus seiner Mutter angekommen. Ich hielt den Wagen und wandte mich ihm zu. Nach kurzem Zögern umarmten wir einander kurz zum Abschied und gaben uns einen flüchtigen Kuss links und rechts auf die Wange.

»Bis morgen!«, rief Ervin und sprang rasch aus dem Wagen.

Erst auf dem Heimweg nach Eisenstadt dachte ich über diese flüchtige Berührung nach. Es war ein unglaublich schöner Moment gewesen. Wie eine Filmszene spulte ich im Geiste die

Umarmung wieder und wieder ab. Wenn ich ehrlich zu mir war, wusste ich, dass ich mich so wie mit Ervin noch nie zuvor mit einem Mann gefühlt hatte.

6

»Und wie alt glaubst du ist sie?« Ich hörte Stimmen aus der Umkleidekabine, während ich gerade den Türgriff drücken und hineingehen wollte. Ich hielt inne.

»Vierunddreißig oder so«, kam es von drinnen.

»Ich frage sie einfach, dann wissen wir es.« Marco klang forsch, unbekümmert und frech wie immer. Dann kicherte er. Ich hielt für einen Moment die Luft an.

»Spinnst du, du Idiot«, sagte Lukas. »Du kannst eine Frau nicht fragen, wie alt sie ist. Das weiß doch jeder!«

Schnell schlich ich zurück zum Hallenausgang. Ich war natürlich geschmeichelt, dass die Jungs mein Alter viel jünger eingeschätzt hatten. Gleichzeitig fand ich es befremdlich, dass sie sich überhaupt über mich unterhielten. Erst als ich hörte, wie sie mich als Frau bezeichneten, wurde mir erneut klar, dass ich Jungs trainierte. Sie sind eben doch Männer, dachte ich, während ich in meinem Rucksack nach den Autoschlüsseln kramte.

Auf dem Parkplatz vor der Halle schaufelte ich den Schnee mit bloßen Händen von der Windschutzscheibe meines schwarzen Hondas. Die Kälte brannte in meinen Fingern. Sie wurden schnell taub. Aus dem Fach neben dem Autoradio holte ich Handschuhe und zog sie an. Erst Anfang Dezember, dachte ich. Ich sehnte mich nach dem Frühling und den ersten Sonnenstrahlen.

»Brauchst du Hilfe?«

Ich hatte Ervin nicht kommen gehört.

»Nein, danke. Es geht schon.« Kopfschüttelnd deutete ich auf die Beifahrertür. »Der Wagen ist offen. Steig ruhig schon mal ein.«

Wie immer wollte ich ihn nach dem Training nach Hause fahren. Ich klopfte die Handschuhe aus und steckte sie wieder ins Handschuhfach zurück. Beim Autofahren habe ich generell gerne Hautkontakt mit dem Lenkrad.

»War ziemlich gut das Training heute.« Ich konzentrierte mich auf die Straße. Um diese Zeit begann der Berufsverkehr und es waren schon einige Autos unterwegs.

»Ja, total.« Ervin musterte seine Schuhe. Die Ledersitze waren eiskalt. Wir redeten nicht viel auf der Fahrt, die nicht länger als fünf Minuten dauerte. Die Straße war glatt, also fuhr ich langsamer als sonst.

Vor Ervins Haus parkte ich, drehte den Motor aus und warf Ervin einen Blick zu. Ich wollte rasch nach Hause. Die Mädchen erwarteten mich sicher bereits. Doch Ervin war wortlos in den Fußraum des Beifahrersitzes abgetaucht und wühlte in seiner Sporttasche. Er verharrte dort für eine kleine Ewigkeit.

»Suchst du etwas?«

Keine Reaktion. Mit einem Ruck schnellte er hoch und sah mich an. Er rieb die Hände an seiner Hose. Sein Gesicht wirkte angespannt. Ich wollte zu einem Lächeln ansetzen und erstarrte. Ich war nervös und konnte seinem Blick nicht länger standhalten. Schnell senkte ich den Kopf und sah verlegen hinunter zur Handbremse. Meine linke Hand krallte sich am Lenkrad fest, sodass die Knöchel weiß hervortraten. Ich räusperte mich, wollte etwas sagen, bekam aber keinen Ton heraus. Es war still im Wagen. Schnee fiel auf die Windschutzscheibe.

»Ervin, ich muss dir etwas …«

Meine Stimme klang fremd in meinen Ohren. Ervin unterbrach mich leidenschaftlich.

»Renata, ich wollte es dir schon lange sagen, habe mich aber nicht getraut …«

Er legte die Hand an mein Kinn und zog es langsam hoch, sodass ich direkt in seine Augen sehen musste. Er küsste mich. Mein Körper wurde stocksteif. Mir wurde heiß.

Renata, die Trainerin, war nicht mehr vorhanden. Am Spielfeld war ich der Boss und gab Anweisungen, wie und was gemacht werden sollte. Dort trat ich bestimmt, sicher und energisch auf. In Ervins Händen wurde ich zu einem anderen Wesen, weich und unsicher. In diesem Moment war ich weder älter als er noch erfahrener. Es war ein Gefühl, als hätte ich noch nie in meinem Leben jemand anderen geküsst. Dabei war er es, der zum ersten Mal eine Frau küsste.

Er löste sich langsam von meinen Lippen. Eine Ewigkeit schien zu vergehen und ich hielt die Lider geschlossen.

»Ich hab dich lieb«, flüsterte Ervin leise und sah mich dabei ernst an. Sein Gesicht war noch immer ganz nah. Es war das Jahr 2010 und ich war einundvierzig Jahre alt.

»Ich dich auch.« Meine Stimme zitterte. Gefühle sind, wenn sie von Herzen kommen, still und überwältigend.

»Bis morgen.« Er nahm seine Tasche, streichelte mir sanft über die Wange und stieg aus dem Auto.

Ich blieb einen Moment wie versteinert sitzen. Aus meiner Erinnerung tauchten Bilder auf. Mein erster Kuss. Marco war zwei Jahre älter gewesen als ich, ein Leistungssportler. Ich war damals vierzehn gewesen. Er hatte mich fasziniert, weil er nicht so kindisch und laut gewesen war wie die anderen Jungs in meiner Klasse. Zum ersten Mal hatten wir uns auf dem Schulhof geküsst. Andere Männer. Vor meiner Ehe hatte ich nur zwei richtige Beziehungen gehabt.

Die Wagenfenster waren am Rand beschlagen. Obwohl ich schwer in meinem Sitz hing, fühlte ich mich im Inneren ganz leicht. Ich ließ den Motor an. Ich stieg aufs Gas, während die Scheibenwischer rasch die dünne weiße Schicht, die sich auf der Windschutzscheibe gebildet hatte, wegwischten. Ich fahre gerne schnell und genieße den Rausch der Geschwindigkeit. Autofahren ist neben dem Sport meine zweite große Leidenschaft. Die Liebe zum Sport und auch die zu Autos habe ich von meinem Vater geerbt.

Als ich noch ein Kind war, weckte er mich manchmal mitten in der Nacht, um ein Boxturnier im Fernsehen anzusehen. Meine Mutter raufte sich regelmäßig wegen uns die Haare, während Weltmeister im Ring vor unseren begeisterten schlaflosen Augen miteinander kämpften.

Meine Gedanken rasten mit gefühlten 200 Stundenkilometern durch meine Hirnwindungen. Adrenalin pulsierte unkontrolliert in meinen Blutbahnen. Die Scheiben waren immer noch von innen beschlagen. Ich stieg noch einmal fest aufs Gas. Das Auto beschleunigte. Ich hatte das Gefühl, als würden meine Gedanken nun besser mit meinen Gefühlen Schritt halten können. Das war der erste echte Kuss in meinem Leben, dachte ich.

Was hatte ich getan? Ich war zu weit gegangen, aber ich war glücklich. Das Tachometer zeigte 150 Stundenkilometer, als mein Herz und mein Hirn miteinander in den Ring stiegen und einen unerbittlichen Kampf eröffneten. Draußen zogen verschwommene Lichter vorbei. Ich war allein auf der Strecke Richtung Eisenstadt. Schneeflocken peitschten lautlos an die Windschutzscheibe.

Ich war Ervins Trainerin. Ervin war ein Spieler meiner Mannschaft. Wir standen offiziell in einem Autoritätsverhältnis zueinander. Mit unserem Kuss hatten wir eine Grenze übertreten, die mir unübertretbar erschienen war. Ervin hatte etwas in mir berührt, eine noch nie dagewesene Regung geweckt. Meine leidenschaftlichen Gefühle für ihn waren wie entfesselt. Ich fühlte meine Ohnmacht.

Sei ehrlich, du hast es doch schon lange gespürt, sagte mein Herz. Trotzdem: So etwas darf einfach nicht passieren. Das war mein Verstand, der sich wieder zu Wort meldete. Ich liebte meinen Job und würde ihn unweigerlich verlieren, wenn unsere Gefühle füreinander bekannt würden.

Doch es war ganz klar: Ervin war mir wichtiger als der Sport. Aber wie würde er damit umgehen? Konnte er das alles verkraften? Wer konnte schon abschätzen, wohin das alles führen würde?

Ich musste mich zwingen, wieder zur Vernunft zu kommen. Meine Töchter, ihr Vater, meine Mannschaft. Was würden sie alle dazu sagen? Ich musste Ervin zur Einsicht bringen, dass eine Beziehung ein Ding der Unmöglichkeit war. Dabei verspürte ich keinen Zweifel, dass er mich liebte. Und dass für ihn eine Welt zusammenbrechen würde, wenn ich unsere Liebe verleugnete. Nur für ihn? Auch für mich, schrie mein Herz.

Schon von Weitem sah ich das Licht im Wohnzimmerfenster unseres Hauses brennen. Ich drehte den Motor ab und lauschte in die Stille. Der Ringkampf zwischen Vernunft und Gefühl war noch immer voll im Gange. Was würde ich wohl als Erstes verlieren, meinen Verstand oder mein Herz? Ich schwankte zwischen Rastlosigkeit und Erschöpfung. Was sollte ich bloß tun? Wer konnte mir helfen?

Ich schloss die Tür auf.

»Hallo Mama!« Emily sprang auf und begrüßte mich wie immer mit einem Kuss und einer Umarmung. »Wie war dein Tag?«

»Hm ... gut.« Ich fühlte mich so unendlich müde. Im Wohnzimmer lief der Fernseher.

»Mama, leg dich doch noch kurz zu mir aufs Sofa und schau dir den Film an. Der ist echt gut.« Emily klang fröhlich.
»Ich bin total erledigt. Ich gehe ins Bett, denke ich.«
»Kein Problem, Mom. War sicher anstrengend, dein Tag. Schlaf gut!«

Vergnügt hüpfte sie zurück ins Wohnzimmer und kuschelte sich auf das Sofa unter die rote Decke. Ich ging hinauf ins Badezimmer. Mit automatischen Bewegungen streifte ich meine Kleidung ab. Ich wusch meine Hände und bemerkte erst jetzt, dass sie immer noch völlig unbeweglich und klamm waren. Ich fühlte ein quälendes Brennen im Herzen. Langsam schminkte ich mich vor dem Spiegel ab. So müde konnte ich gar nicht sein, dass ich diese Disziplin nicht aufbringen würde. Dann richtete ich mich gerade auf. Ich versuchte, mich zu motivieren, und triumphierte kurz. Disziplin war doch eine meiner Tugenden, die Eigenschaft, auf die ich besonders stolz war. Entsprang Disziplin eigentlich dem Herzen oder dem Verstand? Ich blickte mir selbst fest in die Augen. Kann ich diesen Kuss nicht einfach vergessen? Das Rad der Zeit einfach zurückdrehen?

In meinem Zimmer legte ich mich ins Bett und bat mein Herz und mein Hirn um Waffenstillstand. Die beiden Kontrahenten gaben aber nicht auf. Wieder und wieder sah ich die Szene im Auto vor mir. Dieser Kuss, dieses Gefühl. Mein Gehirn drohte zu explodieren. Ich würde wohl nie mehr schlafen können. Ich würde meine Ruhe erst wiederfinden, wenn ich herausgefunden hatte, was das alles bedeutete.

Doch eigentlich gab es keinen Zweifel. Dieses Gefühl war ehrlicher, echter und aufrichtiger als alles, was ich zuvor in meinem Leben gefühlt hatte. Doch was würde passieren, wenn Ervins und meine Liebe entdeckt würde? Ich begann leise zu weinen. Wie sehr vermisste ich meine Großmutter. Was würde sie mir raten?

Ich fühlte mich klein und unsicher. Wie hatte das alles nur passieren können?

Trainerin verführt Spieler! Groß stand es auf dem Titelblatt einer Zeitung. Im Halbschlaf ging meine Fantasie wieder mit mir durch. Ich drehte mich auf die andere Seite des Bettes, dort wo der Nachttisch stand und sah auf die Uhr. Sechs Uhr Früh. Ich hatte kaum ein Auge zugetan. Mein Körper fühlte sich an, als hätte ihn mehrmals ein Laster überrollt. Der Kampf in meinem Kopf begann, noch bevor ich die Augen geöffnet hatte. Vor mir liefen die Bilder des vergangenen Abends wieder und wieder ab. Ich versuchte verzweifelt, einen klaren Kopf zu bekommen, die Szene nur für ein paar Minuten zu verdrängen. Der Kuss, die Konsequenzen. Mit den Fingern fuhr ich über meine Lippen. Vor genau dreizehn Stunden hatten sie die von Ervin berührt und damit sein und mein Leben für immer verändert.

Ich stand auf, schlüpfte in meinen Trainingsanzug, den ich am Abend zuvor neben dem Bett ausgezogen und ordentlich auf den Sessel gelegt hatte. Im Bad wusch ich mein Gesicht mit eiskaltem Wasser und schlich leise die Treppe hinunter. Es war noch dunkel draußen, als ich die Haustür leise hinter mir ins Schloss zog. Gierig atmete ich die kalte, klare Winterluft ein. Beim Ausatmen bildete sich vor meinem Gesicht eine warme, dichte Wolke. Mein Puls ging wieder gleichmäßig, als ich auf mein Auto zuging. Mein Herz schlug ruhig. Eigentlich bin ich ein temperamentvoller Mensch. Aber wahrscheinlich ist es meine Sportlerdisziplin, die mich zwingt, bei wichtigen Entscheidungen gelassen zu bleiben. In solchen Situationen fahre ich gerne mit dem Auto ziellos durch die Gegend. Ich wünschte mir so sehr, mit meiner Großmutter zu sprechen. Ich wusste, dass sie der einzige Mensch war, der mir in dieser schwierigen Situation einen Rat hätte geben können. Sie war so eine kluge Frau gewesen, die über so viel Lebenserfahrung verfügt hatte und die Geschehnisse um sie herum stets klar, aber mit Herzenswärme zu analysieren verstand. Nie hatte sie etwas darauf gegeben, was ein Mensch auf dem Papier war. Nie hatte sie über andere geurteilt. Sie hatte die Gabe besessen, jedem Menschen direkt ins Herz zu schauen. Mich hatte sie geliebt und besser gekannt, als ich mich selbst je kennen werde. Noch lange bevor ich es mir selbst eingestanden hatte, hatte meine Großmutter gewusst, dass in meiner Ehe etwas nicht stimmte. Sie sagte, dass sie meinen Mann zwar möge, weil er ein wahrhaft guter Mensch sei, aber dass er nicht mein Mann sei.

Noch vor dem Anschnallen drehte ich die Lüftung an. Dann fuhr ich die Straße entlang zur Sporthalle. Ohne die Lippen zu bewegen, schilderte ich meiner Großmutter genau, wie alles zwischen Ervin und mir begonnen hatte. Ich war sicher, dass sie mich hörte. Ich ließ kein Detail aus bis hin zu unserem unerhörten ersten Kuss.

»Renata, er ist zu jung! Er ist siebenundzwanzig Jahre jünger als du. Da würden viele Probleme auf ihn und auf dich zukommen. Du musst an deine und auch an seine Zukunft denken.«

Ich sah ihre lieben Augen vor mir, schluckte hörbar und beschleunigte den Wagen.

»Liebst du ihn, Renata?«

»Ja, Großmama. Ich liebe Ervin.«

In meinem schwarzen Honda an einem bitterkalten Wintermorgen sprach ich diese Worte zum ersten Mal laut aus. Nur meine verstorbene Großmutter konnte mich hören.

»Weißt du, mein Kind«, hörte ich sie sagen. »Liebe kommt immer in Momenten, in denen man sie am wenigsten erwartet. Kein Mensch weiß, warum sich Menschen ineinander verlieben.

Nur dein eigenes Gefühl zählt. Wenn du ihn wirklich aufrichtig liebst, dann vergiss, was die anderen Leute sagen.«

Ich setzte den Blinker und fuhr rechts ran. Den Motor ließ ich laufen. Jetzt raste mein Herz wie wild. Ich versuchte, wie zuvor tief ein- und auszuatmen. Es war doch im Grunde alles so einfach. Noch zehn Minuten blieb ich regungslos sitzen. Ich wurde langsam wieder ruhiger. Dann fuhr ich los, nach Hause. Ich sehnte mich nach einer heißen Dusche und einer Tasse Kaffee.

Bevor ich die Umkleidekabine verließ, warf ich noch einen kurzen Blick in den Spiegel. Trainingsanzug, Haare, Make-up – alles saß tadellos wie immer. Ich trat etwas näher an mein Spiegelbild heran. Sah man mir etwas an? Lächelnd schüttelte ich den Kopf. Renata, die Trainerin, übernahm wieder die Kontrolle. Das Herz musste für die kommenden neunzig Minuten auf der Reservebank Platz nehmen. Ich war schließlich ein Profi.

»Immer zwei und zwei. Schnellere Würfe im Lauf!« Mannschaftskapitän Olli hatte bereits mit den Aufwärmübungen begonnen. Ich konnte mir ein Lächeln nicht verkneifen. Er benutzte sogar meine Kommandos.

»Okay, Jungs, das sieht ja schon sehr gut aus. Aber ich möchte, dass ihr noch ein bisschen stärker ins Schwitzen kommt.« Ich winkte Olli zu mir. »Wir trainieren Abs, und zwar mit den Medizinbällen.«

Mit dem Kopf deutete ich Olli, die schweren Bälle aus dem Geräteraum zu holen. Dabei spürte ich Ervins Blick auf mir und versuchte, mich so normal wie möglich zu verhalten. Du bist ein Profi, ein Profi, sagte ich unaufhörlich lautlos zu mir.

»Ervin und Patrick, kommt mal hierher.« Ich wollte die Übung an den beiden demonstrieren und bat Patrick, sich mit angewinkelten Beinen auf den Boden zu setzen. Ervin sollte ihm einen Ball zuwerfen. »Während du den Ball fängst, wirst du automatisch deine Bauchmuskeln spüren. Versuch jetzt, bewusst darauf zu achten.« Ich tippte mit dem Finger auf Patricks Bauchmuskeln, während Ervin den Ball in die Höhe warf.

»Mhm ... Ja, ich versuch's ja!« Patrick stöhnte, sein Oberkörper neigte sich durch das Gewicht und die Flugkraft des Balles etwas nach hinten.

»Los, gleich zurückwerfen, Patrick. Und dann immer hin und her.«

Die Jungs gehorchten. Ich klatschte in die Hände als Zeichen dafür, dass die anderen auch mit der Übung beginnen sollten. Ervins Blick ruhte die ganze Zeit auf mir.

»Versucht den Ball einmal mehr auf die linke, dann wieder mehr auf die rechte Seite zu werfen, um auch die seitliche Rippenmuskulatur zu erreichen.«

Ich ging durch die Reihen und korrigierte die Haltung. Endlich fand ich den Mut, auch Ervin anzusehen. Seine Augen strahlten ein bisschen verwegen, als sich unsere Blicke trafen. Mein Herz, das vor dem Training von meinem Hirn auf der Ersatzbank verbannt worden war, rührte sich.

Ich wusste, dass ich verliebt war. Aber ich konnte meiner Freude darüber keinesfalls Ausdruck verleihen. Schon gar nicht hier, mitten auf dem Spielfeld. Mein Verstand zeigte mir die Rote Karte. Auf der stand, dass Ervin jünger war als ich und außerdem ein Spieler meiner Mannschaft. Und dass ich einen Fehler machte, einen gravierenden Fehler, wenn es um die Regeln dieses Spieles ging. Die Spielregeln der Gesellschaft, in der wir lebten. Es gibt so etwas wie einen allgemeingültigen Moralkodex, dem auch ich immer zugestimmt hatte. Wir sollten alle so leben, wie es sich gehörte. Nicht angepasst oder heuchlerisch, aber doch unnötiges Aufsehen vermeidend. Immerhin hat in der Welt alles seine Ordnung. So wie im Sport. Ich hörte ein imaginäres Publikum schrill und hoch pfeifen und Buh rufen.

Ich ließ die Jungs ihr Passtraining auf dem Feld machen. Gerade Pässe, diagonale Pässe, Schlagwurfpässe.

»Stärkere Körperdrehung, Olli!« Ich feuerte ihn an. »Los jetzt, nach zwei Pässen wird immer aufs Tor geschossen.« Mit den Händen gab ich vom Spielfeldrand aus Zeichen.

Ervin ließ sich nichts anmerken. Er zielte präzise, sicher und konzentriert. Ich bewunderte seine Kraft. Ich liebte ihn noch mehr, weil er als Sportler die nötige Disziplin bewies und eine hartnäckige Konsequenz, die nur Siegern innewohnt, an den Tag legte. Und er bewunderte mich. Als ob er eine Göttin verehrte, sah er mich unentwegt an. Ich kannte diesen Blick gut von meinen früheren Männern. Ich hatte immer gewusst, dass sie alles für mich tun würden. Bei Ervin war es genauso. Und doch war etwas völlig anders. Ich ertappte mich dabei, wie ich ihn genauso fasziniert ansah wie er mich. Zum ersten Mal erwiderte ich die unverhohlene Anerkennung, die sonst immer nur die Männer mir geschenkt hatten. Hätte Ervin mich gebeten, ich hätte Werweiß-Was für ihn getan.

»Jetzt du, Lukas!« Ich war wieder konzentriert bei der Sache und gab Kommandos. »Versucht bei den Pässen direkter auf eure Mitspieler einzugehen.«

Die Jungs schwitzten. Ihre Turnschuhe machten Quietschgeräusche auf dem Boden der Halle.

In keiner Beziehung hatte ich jemals das Gefühl gehabt, das mir etwas gefehlt hatte. Erst jetzt, wo ich etwas so schier Unglaubliches mit Ervin erleben durfte, wurde mir klar, wie sehr auch schon früher etwas Wichtiges gefehlt hatte. Ich dachte an all die Nächte, die ich damit zugebracht hatte, über das Scheitern meiner Ehe nachzugrübeln. Die Antwort war ganz simpel: Der

Vater meiner Töchter und ich hatten einander einfach nicht genug geliebt.

Nach dem Training wartete ich im Auto auf Ervin. Auf diesen Moment hatte ich mich den ganzen Tag insgeheim gefreut. Seine Gegenwart war das Einzige, das die Kraft hatte, mich zu beruhigen. Mit ihm schien das Undenkbare ganz leicht. Alles war wie immer. Und doch war alles neu.

»Hey!« Ervins Stimme war leise und ich sah ihm an, wie glücklich er war. Er stieg ein und warf seinen Rucksack wie immer in den Fußraum des Beifahrersitzes.

»Hey!« Ich lächelte und fuhr los. Wir schwiegen beide. Es war so, als würden wir nicht wagen, laut zu reden, aus Angst, die Worte könnten etwas zerstören. Als wüssten wir, wenn wir unsere Situation in Worte fassten, müssten wir uns unser riesengroßes Problem eingestehen. Die gesamte Situation war fatal. Dabei war es für uns so simpel.

Sich zu verlieben ist keine kriminelle Tat. Wieder begann dieses Tauziehen zwischen Herz und Verstand. Die Medien, die Mitschüler, die ganze Welt würde mit dem Finger auf mich zeigen. Auf eine Trainerin, die einen viel zu jungen Spieler liebte. Ervin war dreizehn, aber wäre er neunzehn Jahre alt gewesen, hätte die Welt uns auch verurteilt.

»Alles okay bei dir?« Ervin legte seine Hand auf meine, als ich das Auto vor seinem Haus einparkte.

Ich nickte stumm. Dann hob ich meinen Blick.

»Ervin, du musst es deiner Mutter sagen, verstehst du?«

Ervin widersprach nicht. In seinen Augen konnte ich nicht einen Funken der Verunsicherung ausmachen. Er hatte ohne Zweifel verstanden, wie ernst unsere Situation war.

»Wir sehen uns morgen«, sagte er, nahm mein Gesicht in seine weichen Hände und küsste mich.

Wieder blieb die Welt in diesem Moment stehen. Ich hatte das Gefühl, als wäre Ervin total sicher im Umgang mit mir. Und auch mit unserer Situation, die mir so vollkommen aussichtslos erschien. Ervin verhielt sich viel souveräner, als ich es war. Ich fragte ihn nicht, was er dachte. Er fragte mich nicht, was ich fühlte. Für uns war alles klar.

7

»Also, was hat deine Mutter gesagt?« Nervös strich ich mir durch die Haare. Von Ervins Mutter hing ab, ob unsere Liebe eine Chance hatte. Ohne ihr Einverständnis mussten wir unsere Beziehung sofort abbrechen, dessen war ich mir bewusst.

Ervin strahlte mich gut gelaunt an.

»Sie hat unglaublich toll reagiert, als ich es ihr gesagt habe. Stell dir vor, sie war überhaupt nicht beeindruckt, geschweige denn schockiert.«

Ich fühlte eine Welle der Erleichterung durch meinen Körper fließen.

»Wie? Ach, Ervin, mach es doch nicht so spannend!«

»Na ja, sie hat allen Ernstes behauptet, dass sie so etwas schon geahnt hat!« Er kicherte und berührte meine Hand. »Renata, sie will aber auch mit dir sprechen.«

»Alles klar«, sagte ich und atmete innerlich auf. Die größte Hürde schien überwunden.

Wir trafen uns eine Stunde vor Spielbeginn in der Garderobe. Die Jungs saßen in Reih und Glied auf der Bank, jeder mit einem Ball in der Hand. Ihre Gesichter waren ruhig. Ihre Augen strahlten fast siegessicher. Sie wussten genau, dass ich es nicht mochte, wenn sie mit den Bällen herumspielten. Ein Handball ist kein Spielzeug.

Die Tasche mit den Dressen hatte ich wie immer dabei. Wortlos verteilte ich die T-Shirts. Als Erstes zog ich die Nummer neun heraus und musste unwillkürlich an den Tag denken, als Ervin zu unserer Mannschaft gestoßen war. Er hatte unbedingt mit der Neun spielen wollen, aber die war schon vergeben gewesen. Ich selbst habe in meiner gesamten Karriere immer die Nummer neun getragen. Während die Jungs ihre T-Shirts anzogen, bereitete ich sie auf das Spiel gegen die Mannschaft aus Bad Vöslau vor und erklärte die gewählte Taktik. Vor uns lag ein sehr wichtiges Match. Genaugenommen hatten wir zwei entscheidende Spiele vor uns, eines an diesem und ein weiteres am darauffolgenden Tag.

»Passt auf, Jungs«, sagte ich. »Auch wenn der Gegner nicht stark ist, müsst ihr nicht gleich attackieren. Wir spielen heute wie sonst, verstanden?«

Ich wollte nicht, dass wir unnötige Tore kassierten. Gleichzeitig wusste ich, dass die Jungs Kraft sparen mussten für das Spiel am nächsten Tag. Es würde das alles entscheidende Match gegen die Mannschaft aus Gänserndorf sein.

»Die schaffen wir doch mit links, Renata«, sagte Olli. Die anderen stimmten zu.

»Die werden weinen«, rief Marco laut. »Die putzen wir so was von weg!«

Ich lachte mit meinen Jungs. Trotzdem war ich ein bisschen nervös.

Der Zuschauerraum war voller Menschen. Ich sah Fans mit selbst gebastelten Plakaten, auf denen die Namen einzelner gegnerischer Spieler standen. Die Stimmung war ausgelassen. Einige grölten, noch bevor angepfiffen worden war. Wir hatten nur wenige Fans im Zuschauerraum.

Anpfiff. Die ersten zehn Minuten waren der reinste Albtraum. Meine Mannschaft benahm sich, als stünde sie zum ersten Mal auf einem Handballspielfeld. Sie rannten unkoordiniert durcheinander, stolperten über ihre eigenen Füße und zuletzt übereinander. Es herrschte totales Chaos. Ich traute meinen Augen nicht und geriet ins Schwitzen. Wir waren ständig drei oder vier Punkte im Rückstand.

»Tor!« Die Fans von Bad Vöslau machten die Welle. Sechs Tore Differenz.

»Jakob, Ervin, mehr Deckung. Patsi, mach seitlich dicht!«

Ich brüllte über das Feld und rannte in meiner Loge auf und ab. Ervin arbeitete sich in den gegnerischen Torraum vor. Er stand in perfekter Position. Das Tor musste einfach sitzen. Warum zögerte er?

»Schieß jetzt, na los doch!« Ich schrie ihm zu, als wollte ich ihn aus einem Tiefschlaf wecken. In dem Moment schoss er und verfehlte.

»Ervin, das darf doch nicht wahr sein!« Ich riss meine Trainingsjacke auf und warf sie mit voller Wucht auf die Bank. Am liebsten hätte ich ihnen allen die Ohren langgezogen. Ich zeigte die Grüne Karte hoch.

Timeout.

Pro Halbzeit darf jede Mannschaft, wenn sie im Ballbesitz ist, ein Timeout von jeweils einer Minute in Anspruch nehmen. Ich hatte nun sechzig Sekunden Zeit, meine verwirrte Mannschaft neu zu instruieren. Die Jungs trotteten mit betretenen Mienen zur Trainerloge. Die Stimmung war auf dem absoluten Tiefpunkt. Ich riss mich zusammen. Ich flippe nie im Zuschauerraum in aller Öffentlichkeit aus. Wenn ich laut werde, dann nur in der Kabine. Unsere Besprechung ging nur uns etwas an.

»Jungs, wenn wir so weiterspielen, werden wir verlieren. Ihr müsst euch jetzt zusammenreißen«, sagte ich mit ernster Miene und fester Stimme. Wir steckten die Köpfe enger zusammen. »Die anderen dürfen jetzt kein Tor mehr schießen, ist das klar?«

Es waren noch fünf Minuten bis zur Halbzeit. Wie durch ein Wunder schafften es meine Jungs, den Spielstand in die Pause zu retten.

Ich knallte die Garderobentür mit dem Fuß zu. Mit meiner Enttäuschung über ein so gigantisches Durcheinander konnte ich nicht länger hinter dem Berg halten. Wie geprügelte Hunde saßen die kleinen Kerle auf ihren Bänken, mit hängenden Köpfen und zerknirschten Gesichtern.

»Jetzt hört mir gut zu. Ich habe nie gesagt, dass mir ein Sieg wichtig ist. Aber wenn ihr so beschissen spielt, können wir gleich nach Hause gehen.« Ich war außer mir, spürte, wie mir das Blut in den Kopf schoss. »Wenn ihr so weiterspielt, werde ich gehen.«

Es war klar, welchen Fehler meine Jungs machten. Sie spielten die »typische österreichische Ballverteidigung«, wie ich es nenne. Für mich ein klares No-Go und als der allergrößte Fehler am Spielfeld verpönt. Nur Amateure vermeiden jeglichen Körperkontakt und lassen dabei die Hände immer passiv nach unten hängen. Profis halten stets eine gewisse Körperspannung aufrecht, die Hände in Bereitschaft angewinkelt, auch wenn sie selbst gerade nicht am Zug sind.

»Ihr spielt wie Mädchen!« Ich blickte finster in die Runde. »Ihr seid viel zu nett. Ihr müsst kämpfen, aktiv sein, angreifen.«

Was ich normalerweise bei Menschen als höfliche Umgangsformen schätze und im Übrigen auch im Umgang miteinander voraussetze, ist auf dem Handballfeld tabu. Als Handballspieler muss man ein Kämpfer sein. Man muss den festen Willen haben zu gewinnen und dafür auch mal hart rangehen.

»Noch einmal für alle zum Mitschreiben: Handball ist ein Sport, bei dem man hart sein muss. Ein Sport, bei dem man ständig in Kontakt mit dem Gegner sein muss.« Ich sah Olli, den Kapitän direkt an. Olli sah zu Boden.

»Lasst sie nicht atmen. Lasst sie keinesfalls an euch vorbei.«
Ich drehte den Kopf nach rechts und fixierte Ervins Augen. Er hielt meinem Blick stand. Ich erkannte die Enttäuschung in seinem Gesicht. Er schämte sich für das verfehlte Tor.

»Ihr könnt es immer noch schaffen. Aber ihr müsst jetzt aufwachen. Sofort!«

Ich war hart zu ihnen. Aber ich wusste, dass wir das Spiel gnadenlos verlieren würden, wenn sie nicht ab der ersten Minute der zweiten Halbzeit kämpfen würden. Und dann wäre meine Mannschaft erst recht am Boden zerstört. Das wollte ich ihnen unter allen Umständen ersparen. Wenn das Spiel einmal verloren war, würde ich nichts mehr tun können. Aber jetzt konnten meine Worte noch etwas Positives bewirken. Ich hielt den Daumen hoch, mitten in die betretene Stille im Raum hinein. Sie taten es mir gleich.

Dann verließ ich die Garderobe. Die Tür schloss ich leise hinter mir. Ich weiß, dass ihr es schaffen könnt, dachte ich.

In der zweiten Halbzeit sah ich von meinem Platz in der Loge aus eine ganz andere Mannschaft spielen. Die Jungs waren wie ausgewechselt, als wären sie aus ihrem Dornröschenschlaf erwacht.

Ervin, Marco und Olli zeigten sich deutlich konsequenter in der Verteidigung, Jacob wirkte viel größer in seinem Tor. Die Gegner dribbelten mit dem Ball und versuchten nur noch, auf Zeit zu spielen. Ich lehnte mich zurück und staunte. Meine Nervosität war mit einem Schlag verflogen. Meine Jungs kämpften.

»Wahnsinn, sind die brutal«, rief ein Mann in einem T-Shirt des HC Bad Vöslau. Die Stimmung im Publikum veränderte sich jetzt hörbar. »Wir sind doch hier nicht beim Rugby!«

»Wenn euch das zu brutal ist, dann schickt eure Söhne doch zum Ballett«, murmelte ich leise. In mir machte sich ein Lächeln breit. Ich sah, wie einige der gegnerischen Jungs allmählich feuchte Augen bekamen. Wir hatten endlich wieder Oberwasser gewonnen.

»Es geht lo-os!« Die Eltern unserer Jungs feuerten uns an. Sie drehten an ihren Ratschen und versuchten, ihre Unterzahl mit Lärm wettzumachen.

»Tooor!« Patrick schoss den Ausgleich. Die Jungs fielen einander in die Arme. Von da an ging es Schlag auf Schlag. Die Jungs zeigten clevere Angriffsmanöver und wagten immer öfter beherzte Sprungwürfe. Je fortgeschrittener die Stunde, umso schneller gewannen sie an Tempo. Ihr Selbstvertrauen kehrte zurück.

Es wurde ein unglaublicher Erfolg. Mit 28:25 gewannen wir schließlich das Spiel. Ervin erzielte achtzehn Tore. Ich jubelte ihm begeistert zu.

Die Freude war grenzenlos. Doch die Zeit lief. Anstatt in der Kantine mit Cola unseren Sieg zu feiern, drängte ich die Jungs umbarmherzig in den Bus. Wir mussten noch zurück bis in das Sporthotel nach Eisenstadt fahren, in dem wir übernachten wollten. Wir mussten alle früh ins Bett, um für das Match am kommenden Tag fit zu sein.

Meine Jungs murrten nicht und folgten mir zum Bus. Ich beschloss daher, auf dem Weg nach Eisenstadt bei McDonald's Station zu machen und sie mit Pommes Frites und Big Macs zu belohnen. Wir mussten unseren Sieg doch ein wenig feiern. Und junge Menschen benötigen ausreichend Kalorien nach so einer immensen Anstrengung.

»Habt ihr gesehen, wie die geheult haben?« Marco wischte sich Ketchup vom Mund.

»Was für Weicheier!«, rief Patrick und prostete Marco mit dem Pappbecher zu.

»Ja, ein absoluter Weiberhaufen diese Bad Vöslauer.«

»Habt ihr eigentlich die Rufe aus den Zuschauerreihen gehört?«, fragte ich und nahm einen Schluck von meinem Kaffee.

»Ja. Dass das Spielfeld kein Boxring ist und so.« Ervin grinste. »Aber wie du immer sagst: Wir sind halt keine Ballerinas.«

Alle lachten.

»Trotzdem ... Vor der Pause habe ich gedacht, ich müsste euch alle miteinander umbringen«, sagte ich. Ich blickte in Ollis Richtung.

»Ja, das haben wir gemerkt«, sagte der Kapitän und schaute nun etwas nachdenklicher als zuvor.

»Aber wir haben trotzdem gewusst, dass du weiterhin auf uns zählst.«

Ich musste lächeln. Meine Jungs kannten mich schon mindestens so gut wie ich sie.

Als wir gegen halb zehn Uhr abends im Hotel ankamen, schickte ich meine Mannschaft sofort ins Bett. Das Match am nächsten Tag würde vormittags stattfinden und wir würden für die Fahrt dorthin eine gute Stunde benötigen. Sie brauchten ihren Schlaf, um fit zu sein. In der Nacht schlief ich nicht viel, wie meistens vor einem Match. Ich hatte auch keine Zeit, über Ervin und mich nachzudenken, über die Unmöglichkeit unserer Liebe. Wenn ein wichtiges Match ansteht, zählt für mich nichts anderes. Dann schalte ich alle anderen Gedanken aus.

Das morgige Spiel würde noch schwieriger werden. Wir hatten zwar alle entscheidenden Matches gewonnen, aber wenn wir morgen verlieren würden, wäre alles umsonst gewesen. Außerdem machte ich mir Sorgen, weil die Spielzeit mit elf Uhr vormittags nicht optimal angesetzt war. Das war noch vor dem Mittagessen und die Jungs würden müde und hungrig sein. Für den Körper ist es generell besser, wenn die Wettkämpfe zur gewohnten Trainingszeit stattfinden. Aber im Handball gelten die gleichen Spielregeln wie überall sonst im Leben: Wunschkonzerte gibt es nicht.

Als ich die Jungs am nächsten Morgen um Punkt acht Uhr am Frühstückstisch sitzen sah, spürte ich die allgemeine Aufregung.
»Esst mehr Semmeln und Käse, nur das Müsli allein ist zu wenig«, sagte ich.
Die Jungs vom UHC Gänserndorf waren ein bisschen größer und stärker als meine Mannschaft und sie hatten einen Spieler, der sehr gut war. Aber ich hatte als ihren wunden Punkt die fehlende Schnelligkeit ausgemacht. Genau an dieser Schwachstelle konnten wir angreifen.
»Wann fahren wir los?« Ervin stocherte in seinem Müsli und sah mich an.
»Gleich nach dem Frühstück. Ich möchte, dass wir rechtzeitig dort sind und uns in Ruhe auf das Spiel einstimmen können.«
Als wir eine Stunde vor Spielbeginn bei der Halle ankamen, war das Tor versperrt. Es war der 17. Januar und extrem kalt. Wir mussten einige Minuten draußen auf den Stiegen in klirrender Kälte warten. Ich hätte den Hallenwart erdolchen können, als er uns schließlich mit einem gnädigen »Frühaufsteher, was?« in sein Königreich eintreten ließ. Ich ging mit den Jungs direkt in die Kabine und wollte die Taktik mit ihnen besprechen. Durch das Warten in der Kälte war die Stimmung etwas gereizt.
»Bennilein, Schätzchen?« Die Kabinentür ging auf und ein Frauengesicht erschien im Spalt.
»Ja, bitte?« Ich erkannte Bennis Mutter und bemerkte selbst, wie ungeduldig meine Stimme klang. »Was gibt es denn?«
»Ich wollte nur fragen, ob Benni hier ist«, sagte sie. »Er hat seinen Schal vergessen.«

Mein Blutdruck schoss in die Höhe. Genervt blickte ich zu Benni und verdrehte die Augen. Er zuckte nur hilflos mit den Schultern. Ich versuchte, die Frau so höflich wie möglich hinauszukomplimentieren.

»In der Garderobe haben Eltern nichts zu suchen. Wie oft soll ich mich eigentlich wiederholen?« An dem Volumen meiner Stimme hörte man, wie dünn mein Nervenkostüm nach einigen schlaflosen Nächten geworden war. »Das hier ist unser Reich.«

Schweigen im Raum. Ich atmete einmal tief durch.

»Sorry, Renata«, sagte Benni.

Ich nickte kurz und verließ die Halle in Richtung Spielfeld. Als ich auf die Trainertribüne kam, saßen meine Kollegen schon dort. Ich grüßte höflich. Doch irgendwie war an diesem Morgen nichts wie sonst. Zuerst dieser Hallenwart, dann die Mutter in der Garderobe. Ich war wütend, bevor das Spiel überhaupt begonnen hatte.

Die gegnerische Mannschaft war ausgeschlafen und hatte am Vortag frei gehabt. Schon in den ersten Minuten sah ich, wie meine Jungs vor Müdigkeit kaum ein Bein vor das andere setzen konnten. Sie gaben sich zwar Mühe, aber statt wie gewohnt Körperspannung zu halten, taumelten sie wacklig über das Feld. Das Desaster würde so ablaufen wie am Tag zuvor, wenn ich nicht abermals drastisch eingriff.

»Hey, ihr Schlafmützen, was soll das!«, brüllte ich. »Das ist ja wieder dasselbe Trauerspiel wie gestern. Müssen wir etwa wieder sechs Tore kassieren, bevor ihr aufwacht?« Ich war außer mir. »Patrick, Benni, bewegt euch. Ervin, was ist los?«

Ich sah, wie unser Tormann den Ball weit ins Feld warf und Ervin ihn mit einer geschmeidigen ruhigen Bewegung auffing. Die Bahn vor ihm war völlig frei.

»Rein damit!«, brüllte ich.

Ervin verfehlte. Ein allgemeines Raunen war zu vernehmen. Ein blöder Fehler. Rasch warf der gegnerische Torwart den Ball nun seinerseits weit ins Feld. Einer der Spieler fing ihn auf und zielte in die rechte obere Ecke unseres Tors, in die Jakob beim besten Willen nicht reichen konnte.

»Tooor!«

Die Fangemeinde von Gänserndorf jubelte. Ich zog die Grüne Karte. Timeout. Für uns Trainer ist ein solcher Moment ein äußerst schwieriges Unterfangen. Es ist wie ein Joker im Kartenspiel. Es ist wichtig, den richtigen Zeitpunkt dafür abzupassen. Man kann sich nur nach der eigenen Intuition richten.

»Ihr seid müde, das sehe ich«, sagte ich ruhig. Mir war klar, dass sie jetzt keine Standpauke, sondern meine Kraft brauchten wie Verhungernde ein Stück Brot. Es waren noch fünfzehn Minuten kostbare Zeit übrig. Fünfzehn Minuten, in denen sie das Beste geben oder die Chance verspielen konnten.

»Es ist die gleiche Situation wie gestern. Konzentriert euch, Jungs! Wenn ihr nicht aufwacht, dann ist das hier jetzt das Aus für uns. Denkt daran, wie weit wir gekommen sind. Ihr könnt viel mehr. Ich weiß, dass ihr weitaus mehr könnt. Zeigt es mir!«

Irgendetwas nahezu Magisches geschah nach dem erneuten Anpfiff. Es war, als hätten sich die Gegebenheiten radikal verändert, als wären es andere Jungs bei einem anderen Spiel. Meine Mannschaft fegte Gänserndorf mit einer Endbilanz von 22:19 vom Platz. Und Ervin schoss von zweiundzwanzig Toren stolze achtzehn Stück.

»Lust auf Mäcki?« Ich hielt den Daumen hoch, als die Jungs als glückliche Sieger das Feld verließen. Wir nannten unseren Sponsor schon lange liebevoll bei diesem Spitznamen. Bei

McDonald's verbrachten wir viele Stunden gemeinsam, hingen immer wieder unter Applaus und Gelächter den besten Momenten unserer Spiele nach.

Auf dem Weg zurück nach Wiener Neustadt blieben wir beim ersten McDonald's stehen. Ich ließ die Jungs nach Herzenslust bestellen.

Die Stimmung war ausgelassen. Selbst wenn wir ab diesem Zeitpunkt jedes weitere Spiel verlieren würden, hatten wir es durch die zwei Siege am Wochenende geschafft, in die mittleren Play-offs zu kommen. Das war mehr gewesen, als sich jeder von uns erhofft hatte.

»Wie du den Torwart abgeschossen hast, Marco, das war so cool«, sagte Patrick.

»Stimmt!« Olli grinste breit. »Schießt den Ball an die Latte und dann prallt der voll ab. Direkt dem Torwart in die Visage.«

»Das war sensationell«, sagte Ervin. »Der ist umgefallen wie ein Sandsack.«

Alle kicherten und aßen zufrieden ihre Burger.

»Ein ziemlicher K.O.-Schuss, Marco.« Ich lachte mit.

Auf dem Parkplatz der heimischen Halle in Wiener Neustadt warteten die Eltern bereits auf ihre strahlenden Söhne. Glücklich liefen meine Schützlinge in die Arme ihrer Mütter und Väter und berichteten von ihren abenteuerlichen Siegen. Ich unterhielt mich kurz mit Patricks Mutter und erntete begeistertes Lob von den Anwesenden. Endlich fühlte ich mich todmüde. Ich fuhr Ervin wie immer mit dem Wagen die wenigen Meter von der Halle bis nach Hause.

»Du hast wirklich super gespielt an diesem Wochenende, Ervin«, sagte ich. »Die Mannschaft verdankt dir sehr viel. Du kannst richtig stolz auf dich sein.«

»Wenn nur du stolz auf mich bist, bin ich glücklich«, sagte Ervin und lächelte mich an.

8

»Was ist denn das?« Ervin hielt mir das Fläschchen mit dem rosafarbenen Nagellack neckisch unter die Nase.

Ich lächelte ein bisschen peinlich berührt. In seiner Gegenwart verhielt ich mich manchmal fast schüchtern. Den Lack hatte ich schon überall gesucht. Gemeinsam mit Emily hatte ich ihn an ihrem Geburtstag gekauft. Er gehörte zu einem perfekten Outfit, das wir bei Pimkie im Fischerpark für sie ausgesucht hatten. Sie war überglücklich über das Paar schwarze Leggings, ein langes Jeans-Shirt mit einem passenden roten Gürtel und die großen silbernen Kreolen gewesen.

»Wo hast du den gefunden?« Ich nahm Ervin lachend die kleine Flasche aus der Hand und steckte sie in meinen Rucksack, der noch auf dem Rücksitz lag.

Er zwinkerte und deutete auf den Boden vor dem Beifahrersitz. Ervin war noch ganz rot im Gesicht. Das Intervalltraining hatte die Kräfte der Jungs ordentlich gefordert. Ich hatte sie Sprints und Dauerlauf im Wechsel absolvieren lassen, um ihre Schnellkraft zu trainieren. Die kleinen Schweißperlen auf Ervins Stirn und der immer noch nasse Haaransatz waren für mich Beweis genug, dass das Training etwas gebracht hatte. Ich lächelte zufrieden.

»Wow. Der ist aber ziemlich pink.« Ervin wischte sich mit dem Ärmel über die Stirn und zeigte mit einer komischen Grimasse, wie er zu Nagellack in Knallfarben stand.

Obwohl Emily knapp ein halbes Jahr älter war als mein talentiertester Spieler, wirkte sie äußerlich viel kindlicher. Wie alle Mädchen in ihrer Klasse interessierten sie seit Neuestem auch bunte Klamotten. Sie war unheimlich stolz auf den ersten Schmuck und das zarte Lipgloss, das sie tragen durfte. Stundenlang konnte sie mit ihren Freundinnen vor dem Spiegel neue Frisuren ausprobieren.

Ervin wusste mit den Mädchen aus seiner Klasse wenig anzufangen. Sie himmelten ihn im Gegenzug dafür haufenweise an. Er war ein bisschen zu einem Star am Spielfeld und auch in seiner Schule geworden. Er wirkte erwachsener als die anderen und hatte für sein Alter ziemlich klare Vorstellungen von seinem Leben. Diese Vorstellungen waren keine pubertären Träumereien. Ich hatte bei Ervin vom ersten Moment an das Gefühl gehabt, einem Menschen auf gleicher Augenhöhe zu begegnen.

»Ihr wart heute alle ziemlich gut beim Training.« Mein Blick war auf die Fahrbahn geheftet. »Die letzte halbe Stunde mit den Sprints war ziemlich hart, was? Aber selbst Patsi hat sich diesmal gut geschlagen.«

Ervin nickte stolz und nestelte an seinem Rucksack herum.

»Ja. Patsi macht sich echt gut.«

Ervins Meinung war mir wichtig. Wie alle begabten Sportler hatte auch er ein gutes Gespür für die Leistungsfähigkeit der anderen.

»Hast du alle Bücher dabei?«

Wir hatten ausgemacht, dass ich mit ihm nach dem Training Chemie lernen sollte, um ihn auf den Test am kommenden Tag vorzubereiten. Normalerweise gab ich nur bei mir im Büro Nachhilfe, aber bei Ervin wollte ich eine Ausnahme machen. Seine Mutter hatte mich tags zuvor gebeten, den Unterricht bei ihnen zu Hause abzuhalten. Sie musste zu lange arbeiten, um ihn rechtzeitig zu mir fahren zu können.

Ervin hatte mir gebeichtet, dass er schon länger im Chemieunterricht nicht so gut aufgepasst hatte und ihm nun einige

Grundlagen fehlten. Mir war das Fach Chemie schon als Jugendliche an der HTL leicht gefallen.

»Jap«, sagte er. Er zog die Wasserflasche aus dem Rucksack und nahm einen Schluck. »Ich habe alle Unterlagen und die Fragen für den Test daheim.«

Wir fanden eine freie Parklücke direkt vor dem Haus, in dem Ervin mit seiner Mutter wohnte. Ich parkte den Wagen, holte den Rucksack vom Hintersitz und zog den Reißverschluss meiner Trainingsjacke bis oben hin zu. Die Mütze ließ ich im Auto. Es war nicht weit bis zum Hauseingang.

Obwohl es ziemlich kalt war und Schnee lag, warteten zwei Hunde hinter der Einfahrt im Hof und bellten uns zur Begrüßung laut und fröhlich an. Ervin öffnete das Tor und streichelte zuerst den Größeren der beiden Tiere.

»Hey, hey, Rolli, langsam!« Der Dobermann-Mischling versuchte, an Ervin hochzuspringen. Der kleinere Hund wedelte währenddessen mit dem Schwanz und raste wie wild zwischen unseren Beinen herum.

Ervin stellt mich seinen Hunden mit einer übertriebenen Geste vor. Ich musste lachen. Ich streichelte Leo, den Wildfang. Ervin erklärte mir, dass er Rolli mit seiner Mutter bei einem Urlaub in Italien an einer Straßenecke aufgelesen und mitgenommen hatte. Damals sei der Hund völlig verwahrlost gewesen. Jetzt wirkte er gepflegt und stark. Der kleine Leo war der Hund von Ervins jüngerer Halbschwester Nadine. Nadine war die Tochter von Ervins Stiefvater Stefan. Ervins Mutter war aber schon länger nicht mehr mit Stefan zusammen. Sie hatte einen neuen Freund.

»Ab mit euch, ihr Rabauken!« Mit einer Handbewegung scheuchte Ervin die Hunde zur Haustür. Er nahm meine Hand und wir folgten den Tieren durch den Schnee.

Im schmalen Treppenhaus roch es nach Linoleum. An den Wänden hingen gerahmte Kinderfotos von Ervin und seiner Schwester. Babyfotos, beim Baden am Strand und im Garten beim Spielen, Kinder mit Schultüten, am Bolzplatz mit anderen Kindern. Ervin hatte eine kleine Wohnung im Dachgeschoß für sich allein. Ervins Mutter, die als Röntgenassistentin arbeitete, bewohnte mit Nadine den zweiten Stock. Den ersten bewohnte Ervins Urgroßvater.

»Wollt ihr auf einen Kaffee reinkommen?«

Die Tür war ziemlich unvermittelt aufgegangen. Ein Mann erschien im Türrahmen. Ervin ließ meine Hand los, um die des Mannes zur Begrüßung zu schütteln. Dabei lehnte er freundlich distanziert ab und sagte dem Mann, dass er Cola und etwas Saft oben habe.

»Das ist Ferry, der Freund von Mama. Ferry, das ist Renata.«

Ich reichte Ferry die Hand. Er nickte uns zu und schloss dann die Tür. Wir gingen die letzten Treppen hinauf und ich folgte Ervin mit zunehmender Anspannung. Es erschien mir nun nicht mehr ganz so normal, Ervin in seinem Zimmer Nachhilfe zu geben. Noch nie zuvor hatte ich mich allein mit Ervin in einem Raum befunden. Je näher wir der Tür kamen, desto größer wurde mein Verlangen, umzudrehen und davonzulaufen. Ferry war der erste Mensch, der uns gemeinsam Hand in Hand gesehen hatte.

Das Zimmer war geräumig und gemütlich eingerichtet. Die Wände waren in hellem Braun gestrichen und der warme Farbton taute mich innerlich sofort wieder ein wenig auf. Der Raum hatte eine Dachschräge, dadurch wirkte er wie eine gemütliche Höhle. Rechts führte eine Tür in die kleine separate Küche. Eine große schwarze Ledercouch stand links unter einem großen Dachfenster, davor ein kleiner Couchtisch, auf dem ein Fernseher thronte.

Ervin sah sich nervös in der Wohnung um, als wolle er prüfen, ob ihr Zustand dem Blick fremder Gäste standhielt.

»Entschuldigung, es ist nicht gerade toll aufgeräumt hier.«

Über einem Stuhl hingen Jeans, ein hellgrauer Pullover und ein weißes T-Shirt. Die Sachen hatte er wahrscheinlich nach der Schule auf die Schnelle ausgezogen und gegen den Trainingsanzug getauscht. Er sah mich an, lächelte und wusste dabei nicht so recht, wohin mit seinen Händen. Ich schaute zu den Büchern, die in einem großen Stapel auf dem Tisch lagen und deutete mit einer fragenden Geste darauf. Er nickte.

»Kann ich mir irgendwo noch die Hände waschen?« Ich ließ den Rucksack auf den Boden neben das Sofa plumpsen.

Ervin begleitete mich zum Badezimmer. Ich schloss die Tür hinter mir und sah mich um. Auf dem Rand der Badewanne stand eine schwarz-grüne Flasche Duschgel »Power-Vital Men«, daneben eine Tube Haargel. An der Wand hingen eine dunkelblaue Trainingsjacke und ein weißes Handtuch. Eine Zahnbürste sah ich nirgends. Er wohnt offenbar doch noch ein bisschen unten bei seiner Mutter und seiner Schwester, dachte ich, während ich mir die Hände gründlich mit dem Duschgel wusch. Es roch frisch und herb.

Als ich aus dem Badezimmer kam, sah ich, wie Ervin noch schnell ein T-Shirt im Schrank verschwinden ließ. Wieder lächelte er mich etwas verlegen an. Ich ging direkt zum Sofa, setzte mich und nahm den Zettel, der auf der Couch lag. Ich überflog den Text. Es waren etwa vierzig Fragen und Antworten zum Thema Erdölproduktion und Verwertung. Oben auf dem Blatt stand in Großbuchstaben »Chemie-Test«.

»Magst du etwas trinken?«, fragte er.

Ich nickte und las die erste Frage laut vor, während Ervin die Colaflasche und zwei Gläser aus der Küche holte.

»Was sind die beiden wichtigsten Typen von Bohrmeißeln und wie funktionieren sie?«

»Der Rollenmeißel und der Diamantmeißel«, antwortete Ervin sofort. Er stellte die Flasche und zwei Gläser auf den Tisch, schenkte uns ein und setzte sich dann auf die Couch neben mich. Wir berührten einander nicht. Ervin zitierte wortwörtlich die komplette Antwort, die auf meinem Zettel stand.

»Wow. Stimmt alles haargenau.«

Ich forderte ihn auf, alles noch einmal in seinen eigenen Worten zu schildern. Ich versuche meinen Nachhilfeschülern immer zu erklären, wie wichtig es ist, den Inhalt zu verstehen und nicht nur Antworten auswendig zu lernen. Ilse, meine Lieblingsschülerin und beste Freundin, liebt diese Eigenschaft an mir. Sie erzählte mir einmal, dass man ihr während ihrer gesamten Schulzeit keinen eigenständigen Gedanken zugebilligt hatte.

»Wenn du beim Aufsagen ein Wort vergisst, kann es passieren dass du aus dem Konzept kommst und am Ende gleich die ganze Antwort nicht mehr weißt.«

Ervin nickte einsichtig. Wie beim Training hatte ich das Gefühl, dass er jedes meiner Worte aufsaugte. Die Antwort auf die nächste Frage versuchte er weitgehend mit seinen eigenen Worten zu formulieren. Aber er war nicht ganz bei der Sache. Sein Blick schweifte ständig unruhig durch den Raum. Er rückte sein Glas auf dem Tisch hin und her und rutschte auf dem Sofa auf und ab. Er wirkte dabei nicht unsicher, sondern eher ungeduldig, ein wenig fordernd. Ich machte stur mit der Nachhilfestunde weiter und stellte Frage um Frage. Ich versuchte, mir nicht anmerken zu lassen, wie seine Unruhe allmählich auf mich übergriff. So wechselten wir uns immer weiter ab mit den Fragen und Antworten.

Ich weiß nicht mehr, wie lange wir so dasaßen. Dann stand Ervin auf, um ins Bad zu gehen. Als er wiederkam, setzte er sich ein Stückchen näher zu mir und nahm meine Hand. Ich tat, als würde ich es nicht bemerken, und prüfte ihn weiter. Mein ganzer Körper kribbelte. Von Ervin ging eine unglaubliche Anziehungskraft aus. Ich sah auf das Display meines Mobiltelefons. Knappe zwei Stunden hatten wir bereits mit dieser Prüfungssituation zugebracht. Ervin war langsam verdammt sicher in der Thematik.

»Na gut. Ich glaube, du kannst jetzt alles. Was meinst du?«

Er nickte zustimmend und betrachtete mich eindringlich.

Ich hielt lächelnd den Daumen hoch, nahm zögernd meinen Rucksack, packte langsam das Mobiltelefon hinein. Dabei schaute ich mich suchend nach meiner Trainingsjacke um, die ich zuvor ausgezogen hatte.

»Möchtest du nicht noch etwas trinken? Oder vielleicht einen Donut? Ich habe noch welche von gestern.«

Ich schüttelte den Kopf und zog an meinem ohnehin schon geschlossenen Rucksack herum.

»Nein, danke. Ich hab keinen Hunger.«

Ich stand auf. Ich wollte gehen. Mit Ervin allein in einem geschlossenen Raum zu sein, machte mich fahrig und unsicher. Ich fühlte Panik aufkommen. Er sprang ebenfalls auf und wir standen uns etwas hölzern gegenüber. Schon setzte ich innerlich zum Sprint an, ich wollte nur noch davonlaufen. Doch er war schneller als ich.

Er legte seine Hände sanft auf mein Gesicht, wie er es immer tat, wenn er mich zum Abschied küsste. Ich spürte seine Lippen und schloss die Augen. Weich, unendlich weich fühlte sich sein Kuss an. Es war nicht so wie sonst im Auto. Dort konnte ich mich jederzeit schnell wieder an mein Lenkrad klammern. Jetzt hingen meine Arme schlaff neben meinem Körper und schienen nicht mehr zu mir zu gehören. Meine Beine wurden schwer und unbeweglich. Ich stand da wie angewurzelt. In meinem Kopf hämmerte es dumpf, irgendeine innere Stimme gab aus der Ferne den Befehl zu gehen. Ganz langsam löste Ervin seine Lippen von meinen, ohne mein Gesicht dabei loszulassen.

Stumme Blicke. Keiner von uns sagte etwas. In diesem Moment war mir klar, dass wir uns gefährlich nahe gekommen waren.

»Ich glaube, ich muss jetzt gehen!«

Meine Stimme hatte nicht die gewohnte Kraft. Sie klang rau. Mein ganzer Körper fühlte sich seltsam matt an. Ich versuchte, Ervin wegzuschieben. Er sagte, dass es noch nicht spät sei. Seine Worte klangen wie von weit her in meinem Kopf. Er nahm meine Hände, sodass ich mich nicht bewegen konnte und küsste mich ein zweites Mal.

Ich wusste lange genug, dass ich diesen Jungen liebte. Dieser Kuss war wie die Antwort auf die Frage, ob unser Traum doch Wirklichkeit sein konnte.

»Es ist doch noch so früh«, flüsterte er. Diesmal hörte ich ihn deutlicher.

Meine Gedanken wurden wieder klarer. Ich muss hier weg, dachte ich. Aber mein Körper bewegte sich immer noch nicht, keinen Millimeter. Ich war wie blockiert. Und da war noch ein Gefühl: aufsteigende Hitze. Ich erkannte mich nicht wieder. Normalerweise war ich die Herrin über meinen Körper. Doch nun bestimmte Ervin das Tempo. Er zeigte mir den Weg.

Er war zärtlich, klar und offenbar wild entschlossen. Wieder fühlte ich mich jünger als er, im Ungewissen, was nun passieren würde. Er ließ meine Hand nicht los und ich fühlte den Puls in seinen Fingerspitzen. Ich wusste, wie alt er war, aber ich wusste in diesem Moment nicht, dass das Gesetz unsere körperliche Liebe verbot. Ich wusste, dass er zum ersten Mal mit einer Frau zusammen war. Ich wusste, dass er mein Spieler war. Aber ich spürte nur einen Mann und eine Frau.

Ervin zog mich auf die Couch. Es spielte keine Rolle, dass er um so viel jünger war als ich und noch nie eine Frau körperlich geliebt hatte.

Ich weiß nicht, wie es ist, wenn ein junger unerfahrener Mensch wie Ervin seinen ersten Sex mit jemandem hat, der ihm egal ist. Wahrscheinlich ist es furchtbar. Doch zwischen uns war alles ganz selbstverständlich. Wenn eine Liebe so groß ist wie unsere, braucht niemand nachzudenken. Alles ging ganz langsam und war wunderschön. Es war, als wären wir zwei andere Menschen, denen wir zusahen.

Wir lagen nebeneinander, meine Hand fest in seiner. Seine Haut war meine Haut. Wir fanden keine Worte für diese Reise, diese Reaktion zweier Menschen aufeinander.

»Ich liebe dich!«

Ervin reihte die Worte zum ersten Mal in seinem Leben in dieser Reihenfolge aneinander. Ich hörte sie nicht zum ersten Mal, aber zum ersten Mal verstand ich, was sie bedeuteten.

»Ich liebe dich auch!«

Ich spürte, wie Tränen aufstiegen, fühlte mich vollkommen verletzlich, ausgeliefert und unsicher. Ich war siebenundzwanzig Jahre älter als Ervin. Diese Realität traf mich härter als in den letzten Tagen.

Wie sah ich überhaupt aus? Ich wurde zappelig, zupfte irritiert an meinen Haaren herum. Mein Make-up war sicher völlig ruiniert. Ervin hörte nicht auf, mich einfach nur anzusehen. Seine Augen ruhten auf mir wie eine liebe Umarmung.

»Was ist?« Ich wischte mit dem Finger am unteren Lidrand entlang, um verschmierte Reste meiner Mascara in die Schranken zu weisen.

»Du bist so wunderschön!« Er strich mir die Haare aus dem Gesicht und fuhr mit den Fingern schweigend und sanft die Konturen meiner Wangen nach.

In diesem Moment wusste ich, wie sehr er mich liebte. Und ich wusste, dass auch mein Herz vollkommen verloren war. Er sah mich an, und ich spürte, dass er mich genau so sah, wie ich tatsächlich war. Nicht die Trainerin oder die Mutter oder die Geschäftsfrau – sein Blick, seine Liebe galten allein mir, Renata.

Ich hätte für den Rest meines Lebens auf diesem Sofa liegen bleiben können. Wir redeten nicht viel, sahen einander nur in die Augen und genossen den Moment. Dann stand ich langsam auf, zog mich an, hob meinen Rucksack auf.

»Das war so schön, Renata!«

Ervin nahm meine Hand und küsste sie. Ich nickte, zog meine Hand langsam hinauf zu meinem Mund und berührte mit den Lippen die Stelle, die er geküsst hat. Als ich zur Tür hinausging, wusste ich, dass Ervin aus meinem Leben nicht mehr wegzudenken war.

9

Es schneite wieder. Unten auf der Straße angekommen prüfte ich mit den Fingern, ob Frost unter der Schneedecke auf der Windschutzscheibe meines Wagens entstanden war. Bevor ich die Mütze aufsetzte, warf ich einen letzten Blick zurück. Von Weitem hörte ich Rolli und Leo bellen. Meine Haare waren zerzaust, die enge Wollhaube brachte zumindest optisch alles wieder in Ordnung. Ich startete den Motor. Die Scheibenwischer schoben den weißen Schleier zur Seite. Ein paar Autos überholten mich, als ich langsam die gerade Straße entlangfuhr. Ich überquerte ruckelnd einen Bahnübergang. Das Gebläse der Heizung brummte.

Schon viel früher hatte ich gewusst, dass ich Ervin liebte. Wahrscheinlich hatte ich ihn von Anfang an geliebt. Für mich waren Sex und Liebe untrennbar miteinander verbunden. Das eine bedingte das andere. Alles andere war unecht. Es war der erste körperliche Kontakt zu einem Mann seit meiner Trennung von Milivoj gewesen.

Ich war ein Jahr mit niemandem zusammen gewesen. Erst jetzt wurde mir bewusst, wie sehr mir auch diese Körperlichkeit gefehlt hatte. Nicht Sex, sondern die intime, ausschließliche Nähe zu einer geliebten Person. Zu einem Mann.

Ich dachte an meine Ehe mit Milivoj und versuchte, Bilder aus meinem Gedächtnis hervorzuholen. Doch nichts kam. Ervin hatte den Tisch leergefegt. Mit ihm fühlte ich mich wie mit keinem anderen Mann zuvor. Ich hatte meinen Mann damals aus Liebe geheiratet. Auch körperlich hatte ich ihn begehrt und er mich.

Alles in meinem Leben hatte ich stets aus und mit Leidenschaft getan. Milivoj heiraten und eine Familie mit ihm gründen – das war für mich der Höhepunkt meines bisherigen Lebens gewesen. Jetzt wusste ich, dass es noch mehr gab.

Ich blieb in der Einfahrt vor unserem Haus stehen. Meine Hände krallten sich am Lenkrad fest. Ich starrte auf den Steuerknüppel, mein Blick ging ins Leere.

Nur die Kontrolle nicht verlieren. Mir war klar, dass es das war, wovor ich ständig Angst gehabt hatte. Aber irgendwie wusste ich auch, dass es mit Ervin anders sein würde. Denn sonst hätte ich nicht alles riskiert, was mir wichtig war: das Vertrauen meiner Mädchen, meinen Job als Trainerin und meinen guten Ruf.

Der Motor war aus und ohne Heizung wurde es rasch kalt im Auto. Beim Aussteigen fühlte ich erst meine Erschöpfung. Ich war total überwältigt von meinen Emotionen.

»Hallo Mama!« Carla saß im Wohnzimmer an dem großen Tisch über Bücher und Unterlagen gebeugt. »Ist es spät geworden?«

»Ja. Ich bin ziemlich müde.«

Ohne die Mütze vom Kopf zu nehmen, winkte ich ihr nur kurz zu. Ich hatte keine Lust zu reden, nicht jetzt. Ich konnte in diesem unbeschreiblichen Moment mit niemandem sprechen. Nicht einmal mit meiner geliebten Tochter. Ich wollte nur schlafen.

»Ich gehe hoch und lege mich aufs Ohr.«

»Gute Nacht, Mama!«

Im Bett drehten sich meine Gedanken im Kreis. Ervin und ich. Ich war sechzehn gewesen, als ich zum ersten Mal mit einem Mann zusammen gewesen war. Zoran war ein ernster junger Mann gewesen. Immer schon haben mich diese Männer, die erwachsener sind als Gleichaltrige, verlässlich und intelligent, magisch angezogen. Ich kann innerhalb kürzester Zeit erkennen und abschätzen, ob ein Mensch klug ist. Ein schöner Körper ist auch wichtig, ja, aber Liebe passiert im Kopf.

»Ich liebe dich.« Das Piepsen meines Mobiltelefons riss mich noch einmal aus meinen Gedanken. Ervins SMS brachte mir in dieser Nacht den ersehnten Frieden. Mit Tränen in den Augen fiel ich in einen traumlosen Schlaf.

Am nächsten Tag wachte ich um sieben Uhr auf. Es war ein bisschen später als sonst. Ich rieb mir die Augen. Ervin. Ein Lächeln stahl sich auf meine Lippen, ein Schauer lief durch meinen Körper. So hatte ich mich seit Jahren nicht mehr gefühlt. Trotz allem war ich überglücklich. Die Leute würden an meinem Gesicht merken, dass etwas anders war. Ja, von nun an würde alles anders sein. Dabei hatte sich alles ganz normal angefühlt, als ich mit Ervin zusammen gewesen war. Dieser Gedanke verlieh mir Kraft. Zum ersten Mal seit Langem und vielleicht sogar zum ersten Mal in meinem Leben geriet ich in wachem Zustand ins Träumen. Bald überfiel mich noch einmal ein sanfter Dämmerschlaf.

Wieder eine halbe Stunde später stand ich auf und lief hinunter in die Küche. Carla war schon gegangen. Ich machte mich daran, ein irisches Kraftfrühstück vorzubereiten, wie ich es gerne esse. Eier, Schinken und Semmeln und dazu einen starken, heißen Kaffee. Dabei genoss ich die Ruhe und versuchte, meine Gedanken zu sortieren. Trotz all der Widrigkeiten konnte ich nicht unglücklich sein.

Ich war verliebt.

Ervin schenkte mir ein unheimlich schönes, noch nie dagewesenes Gefühl der Geborgenheit. Eine ganz neue Zuversicht machte sich in mir breit. Von nun an konnte ich mich voll und ganz auf ihn verlassen, geschehe was wolle.

Am nächsten Tag erwartete mich Ervin schon ungeduldig. Seine Mutter wollte mich auf einen Kaffee treffen. Ich war etwas nervös, als ich die kleine Wohnung betrat. Über mir lag das Zimmer, in dem ich vor Kurzem den schönsten Moment meines Lebens erlebt hatte.

»Renata, wie schön, dass du es gleich geschafft hast!« Ervins Mutter Judith bat mich in die Küche, wo bereits zum Kaffee gedeckt war. Eine Schale mit Schokoladenkeksen stand in der Mitte des Tisches. »Trinkst du den Kaffee schwarz?«

»Mit etwas Milch, bitte.« Ich nahm auf der Bank in der Ecke Platz und musterte Ervins Mutter unauffällig von der Seite.

Judith war eine besonders hübsche Frau, ihre blauen Augen lachten mich offen und etwas schüchtern an. Ihre blonden Haare hatte sie zu einem Zopf gebunden. Im Profil sah sie mit ihrem Pferdeschwanz aus wie ein junges Mädchen. Zu ihren dunkelblauen Jeans trug sie eine weite Bluse mit pastellfarbenen Hippieprints, die sie noch jugendlicher erscheinen ließ. Ich schätzte, dass sie ein paar Jahre jünger als ich war.

»Nimm doch Kekse, ich habe sie heute extra selbst gebacken«, sagte sie in die Stille hinein.

»Ja, danke!«

Ich spürte, dass auch Judith unsicher war. Doch ich wollte ihr die Führung des Gesprächs überlassen. Ich versuchte, mich in ihre Lage zu versetzen. Wenn meine Tochter Emily in einen einundvierzigjährigen Mann verliebt gewesen wäre, wäre ich mit Sicherheit ausgeflippt und hätte den Mann zum Teufel geschickt. Aber es ist etwas anderes, wenn der Mann jünger ist. Mädchen sind so leicht zu verführen und glauben älteren Männern oft jedes Wort. Mit einer Schmeichelei kann man sie so schnell herumkriegen. In ihrer Naivität halten sie eine flotte Liebeserklärung gleich für einen Heiratsantrag. Ein Mann, auch wenn er jung ist, weiß besser, was er will. Und vor allem weiß er ganz genau, was er nicht will.

»Ich bin glücklich für euch, Renata!« Judith riss mich aus meinen Gedanken. Endlich kam sie auf den Punkt. »Ich sehe, dass mein Sohn zufrieden ist. Mehr kann ich dazu nicht sagen.«

Erleichterung durchströmte mich, als ich in Judiths strahlendes Gesicht blickte.

»Danke, Judith. Ich weiß, es ist keine leichte Situation für dich. Ich habe ja selbst Kinder in Ervins Alter. Ich kann dir nur versichern, dass ich Ervin ehrlich und von ganzem Herzen liebe.« Bei diesen Worten wurde ich rot wie ein Schulmädchen.

Ich sah Judith direkt in die Augen. Eigentlich fand ich es furchtbar, über meine Gefühle offen sprechen zu müssen. Meine Emotionen zu erklären, widerspricht meinen Prinzipien zutiefst. Zum einen kann man Gefühle ohnehin selten in die richtigen Worte fassen und zum anderen unterliegen sie doch der Privatsphäre eines Menschen.

Doch in dieser Situation war ich mir meiner Pflichten bewusst. Jener Pflichten, die ich gegenüber Ervins Mutter zu erfüllen hatte.

»Weißt du, Renata, ich habe die ganze Sache wahrscheinlich schon viel früher bemerkt als du. Ich habe euch ja oft genug beim Training zugesehen. Ervin hat dich ständig mit seinen Blicken verfolgt.«

Judith hatte unserer Liebe tatsächlich früher erkannt als Ervin und ich. Aber schließlich war sie seine Mutter. Ich wusste nur zu gut, wie es sich anfühlt, wenn man sein Kind liebt und kennt. In diesem Moment erkannte ich, dass ich endlich auch meinen beiden Töchtern die Wahrheit sagen musste. Nur wenn unsere beiden Familien unsere Beziehung akzeptierten, konnten Ervin und ich glücklich werden.

Als ich später mit Ervin die Treppen zu seinem Zimmer hinaufstieg, lächelten wir beide.

»Ich glaube, meine Mutter mag dich wirklich, Renata«, sagte Ervin. »Meine Schwester Nadine hat übrigens auch gesagt, dass ich in letzter Zeit viel netter zu ihr war als sonst.« Er schmunzelte.

Ich liebte seine souveräne Art, die Dinge lässig beim Namen zu nennen.

»Du hast eine ganz wunderbare Mutter, Ervin!« Ich nahm seine Hand und er legte mir seine zweite auf die Wange, wie er es so gerne tat.

»Und wann willst du es den Jungs aus der Mannschaft sagen?« Ervin war wieder ernst geworden.

Als er sah, dass ich mit den Tränen kämpfte, zog er mich zu sich und hielt mich fest im Arm. Ineinander verschlungen, aneinander geklammert hielten wir uns und schwiegen für Minuten. Es tat so gut, seine Nähe auch körperlich zu spüren. Am liebsten hätte ich mich für immer in diesen Armen ausgeruht und die ganze Welt da draußen, die vielleicht gegen uns sein würde, einfach vergessen. Solche Momente waren für uns beide unendlich kostbar. Ich hatte dennoch eine Verantwortung zu tragen. Ich war ein Profi. Schließlich löste ich mich sanft aus der Umarmung, atmete tief ein und sah Ervin liebevoll an.

»Lass uns nicht mehr allzu lange damit warten«, sagte ich. Ervin nickte. Wir wussten beide, wie wertvoll jeder Augenblick war, in dem unsere Liebe noch geheim blieb. Schon bald würden wir uns gegen einen harten und eisigen Wind der Realität zur Wehr setzen müssen. Als ich wenige Stunden später nach Hause fuhr, war es wieder dunkel.

Auf dem Display meines Mobiltelefons sah ich fünf Anrufe in Abwesenheit. Carla und Emily waren bereits zu Hause und hatten offenbar schon mehrmals versucht, mich zu erreichen. Ich hatte das Gerät auf lautlos gedreht, als ich bei Judith gewesen war, und danach darauf vergessen. Ich drückte auf die Wahlwiederholung und Emily war sofort am Apparat. Sie klang aufgeregt.

»Mama, wo bleibst du denn? Heute ist einer deiner Lieblingsfilme im Fernsehen, komm schnell nach Hause«, rief sie.

»Der Junge im gestreiften Pyjama« lief im Hauptabendprogramm. Den gleichnamigen Roman von John Boyne hatte ich mehrmals im Original gelesen. Er war auch einer der vielen Gründe für meine Liebe zu Irland. In seinem Heimatland hatte der erfolgreiche Autor dafür den Irish Book Award bekommen.

»Liebling, ich bin gleich da«, sagte ich. Ich wusste, dass es heute ausnahmsweise keinen gemütlichen Fernsehabend zu dritt auf der Couch geben würde.

Als ich die Tür aufschloss, hörte ich, wie die Mädchen voller Begeisterung in die Hände klatschten.

»Mama, beeil dich! Es hat schon angefangen.«

Emily quietschte vor Vergnügen vor dem Fernseher, Carla lief mir aus der Küche entgegen. Sie balancierte ein Tablett, auf dem drei Gläser Coca Cola und eine große Schüssel Popcorn gefährlich hin- und herrutschten.

Etwas verdutzt blieb sie vor mir stehen und musterte mich. Ich setzte mich rasch auf das Sofa und drückte Emily mit einer kurzen, aber heftigen Geste an mich.

»Was ist denn mit dir los?« Carla dehnte die letzte Silbe, während sie das Tablett auf dem schmalen Sofatisch abstellte. Dann ließ sie sich betont lässig neben mich auf das Sofa plumpsen. Mit ihrer schmalen Figur hatte auch sie problemlos neben uns Platz.

»Wie ... ähem ...?« Ich geriet ins Stottern. »Ich muss mit euch sprechen.«

»Aber Mama ...« Emily protestierte. »Mama, das ist doch dein Lieblingsfilm!«

Ich nahm die Fernbedienung und drückte vehement auf den roten Knopf. Das Gerät verstummte augenblicklich und das Bild verschwand. Die Mädchen blickten erstaunt zwischen mir und dem Fernseher hin und her. Ich strich mir mit beiden Händen die Haare aus dem Gesicht, faltete die Hände wie zum Gebet und presste sie gegen den Mund. Dabei sog ich so viel Luft wie nur möglich in meine Lungen und hielt den Atem an.

»Du bist verknallt!« Carla grinste wissend.

Hörbar atmete ich wieder aus und drehte den Kopf in die Richtung meiner ältesten Tochter. Sie zuckte mit keiner Wimper und fixierte mich gebannt und triumphierend. Ich spürte, wie sich meine Hände aneinander festkrallten. Vor Carla konnte ich wirklich nichts verbergen.

»Du schaust aus wie ein Teenager, Mama!« Carla gluckste.

Ich löste meine Hände und zupfte nervös an ein paar Haarsträhnen. Dabei blickte ich peinlich berührt zu Boden. Ich spürte, wie sich die Röte allmählich in meinem Gesicht verteilte.

»Carla, Emily ...« Ich stockte. Mein ganzer Mut schien mich zu verlassen, meine Knie wurden weich. Ich blickte in zwei ebenso verwirrte wie erwartungsvolle Gesichter.

»Also gut, ja, ich bin verliebt.«

»Hurra!« Freudengeschrei. »Mama, wie schön!« Die beiden jubelten rhythmisch im Takt. »Verliebt, verlobt, verheiratet!«

»Wartet, Mädchen. Da ist noch etwas ...«

Die beiden umarmten mich. Emily schmiegte sich an mich.

»Ist das alles aufregend. Wer ist es? Mama, mach es doch nicht so spannend!«

Ich fühlte mich wie ein Teenager. Carla war ruhig und ernst und wirkte erwachsen. Souverän lächelte sie mir ermutigend zu.

Ich fand keine bequeme Sitzposition und zappelte nervös mit den Füßen. Was ich meinen beiden geliebten Kindern jetzt sagen würde, konnte mit einem Schlag unser ganzes Leben verändern.

»Das ist es ja eben«, sagte ich vorsichtig. »Emily, du kennst ihn. Es ist Ervin.«

Peng. Das saß wie ein Schuss aus dem Off. Ein echter Hammerschuss. Diesmal waren es meine Worte, die uns für einen Moment der Ewigkeit atemlos und still verharren ließen. Ich spürte, wie Schweiß aus allen meinen Poren drang, und wusste nicht, wohin ich meinen Blick wenden sollte. Es kam mir so vor, als würden die Worte wie ein Echo im Raum nachhallen. Keines der beiden Mädchen sagte etwas. Mit ihren wunderschönen riesigen Mandelaugen starrten sie mich wortlos an. Ich weiß nicht, wie lange wir einander so ansahen. Emily war es schließlich, die das Schweigen brach.

»Aber Mama, der ist doch ein Spieler aus deiner Mannschaft. Du meinst, es ist wirklich DER Ervin? Der Junge, den wir damals aus dem Zehnergymnasium geholt haben?«, sprudelte es aus ihr heraus.

»Ja, mein Schatz, genau diesen Ervin meine ich.«

Die beiden schienen ihren Ohren nicht zu trauen.

»Mama«, sagte Carla. »Du meinst, es ist einer deiner Jungs? Einer aus der Handball-Mannschaft. Wie alt ist er denn?«

Ich schlug die Hände vors Gesicht und nuschelte sein Alter durch die Finger. Als ich die Zahl laut aussprach, wurde mir zum ersten Mal richtig bewusst, dass Ervin jünger war als meine beiden Kinder.

»Mädels, hört mir gut zu.« Ich räusperte mich laut, bemüht darum, die Fassung wiederzuerlangen. »Mir ist klar, was das für euch bedeutet. Ich bin selbst überwältigt von meinen Gefühlen. Nie im Leben hätte ich es für möglich gehalten, dass ausgerechnet mir so etwas passiert. Ich konnte es ja selbst kaum glauben. Aber es ist, wie es ist. Und ich bin überzeugt, dass mein Herz sich nicht irrt.«

Ich richtete mich auf, zog die Schultern zurück und spürte, wie mit der geballten Körperspannung auch meine Stimme wieder fester klang. Mut und Aufrichtigkeit hatte ich meinen Töchtern immer als die wichtigsten menschlichen Tugenden gepredigt. Nun saß ich vor ihnen und musste selbst beides beweisen.

»Ich weiß, dass ihr euch wie viele andere Menschen die Frage stellen werdet, wie man einen um so viele Jahre jüngeren Mann lieben kann. Ihr werdet euch auch zu Recht fragen, wie ich es überhaupt so weit habe kommen lassen können. Noch dazu bin ich ja seine Trainerin.«

Ich bemerkte, wie Emily ihre große Schwester fragend ansah. Carla hörte mir aufmerksam zu. Mein Herz schlug schnell.

»Carla, Emily, ich bin eure Mutter. Ihr wisst, dass ich immer ehrlich zu euch gewesen bin. Das ist auch heute der Fall. Mir ist nur das Eine wichtig: Es geht nur um euch und um eure Gefühle. Ihr müsst mir aufrichtig sagen, was ihr über die ganze Sache denkt.«

Kaum hatte ich den Satz beendet, wurde ich ruhiger. Ich hatte meinen Kindern von meinen Gefühlen erzählt. Wieder war ein Stein von meinem Herzen gefallen.

»Mama, du bist glücklich! Das sehe ich dir doch an der Nasenspitze an«, sagte Carla leise. Sie klang nicht vorwurfsvoll, sondern im Gegenteil liebevoll. »Ich habe dich schon lange nicht mehr so froh erlebt wie in den vergangenen Wochen. Ich habe schon länger geahnt, dass du jemanden kennengelernt hast. Wir hatten schon darüber gesprochen, wie ausgelassen du in letzter Zeit gewesen bist, nicht wahr, Emily?«

Meine Kleine nickte zustimmend.

»Du wirkst ruhig und zufrieden. Wir sind glücklich, wenn du es bist. Und wir wissen, dass du keinen Blödsinn machst. Du tust bestimmt das Richtige. Für dich und für ihn.«

Tränen rollten über meine Wangen. Unendliche Dankbarkeit überkam mich. Gleichzeitig war ich stolz und glücklich, zwei so einfühlsame und verständnisvolle Kinder zu haben.

»Und habt ihr euch schon geküsst?« Emily stupste mich verspielt in die Rippen. Carla lachte und gab Emily einen freundlichen Klaps auf die Schulter.

»Sei nicht so neugierig«, sagte sie.

Ich lächelte verlegen und nahm meine beiden großen Mädchen fest in die Arme. Wir waren nicht länger nur zwei Generationen von Frauen, sondern drei Frauen, die die gleiche Sprache sprachen.

10

»Milivoj, hast du heute Abend Zeit für mich?«

Während ich in den Hörer sprach, hielt ich mir das freie Ohr mit einer Hand zu, um nichts von seiner Antwort zu verpassen. Den Hintergrundgeräuschen nach zu urteilen war mein Noch-Ehemann auf dem Sportplatz.

Ich hatte mich gut vorbereitet. Ich wollte die Sache schnell hinter mich bringen. Wäre meine Familie dagegen gewesen, hätte ich mich gegen meine Liebe entschieden. Das stand für mich fest. Zuerst hatte ich es meinen Töchtern erzählt, jetzt wollte ich es Milivoj sagen. Ich wusste, dass die kommende Zeit für uns alle eine Belastungsprobe werden würde. Jede Nacht träumte ich von den Schlagzeilen. Die Tatsache, dass ich meinen Job verlieren würde, traf mich weitaus härter als die Vorstellung, von den Medien gedemütigt zu werden. Dennoch fürchtete ich mich auch davor, dass die Menschen auf der Straße mit dem Finger auf mich zeigen und, schlimmer noch als das, über meine Kinder lachen würden.

Eine meiner größten Stärken ist es, im Sport und im Leben mit dem Worst-Case-Scenario zu rechnen und schon im Vorhinein die entsprechenden Lösungsmöglichkeiten durchzuspielen. Ich bin immer gut vorbereitet.

Dieses Mal wusste ich, dass der einzige Pfad, der uns alle sicher über diese Gratwanderung führen würde, bedingungsloses gegenseitiges Vertrauen war. Die Steine, die diesen Weg sicherten, waren aus absoluter Offenheit und reiner Liebe gemeißelt. Wir würden als Familie zusammenhalten und sehr stark sein müssen, sonst würde uns der enorme Druck für immer voneinander entfernen.

»Renata, was ist los? Du klingst, als wäre es verdammt wichtig!« Milivoj kannte mich sehr gut. Meinem Tonfall entnahm er immer gleich, wenn etwas nicht stimmte.

»Ja, du hast recht. Es ist sehr wichtig. Ich glaube, noch nie war mir etwas so wichtig wie das, was ich dir heute Abend persönlich sagen möchte.« Ich sprach langsam und ruhig, betonte jede Silbe, jedes Wort.

»Okay, Renata, dann sehen wir uns um halb acht?«

»Danke, Milivoj.«

Den Tag wollte ich ganz normal verbringen. Doch meine Gedanken verselbständigten sich und drehten sich unaufhörlich im Kreis. Wieder und wieder ging ich die Szene im Geiste durch und suchte nach den richtigen Worten. Ich versuchte, mir seine Reaktion auszumalen. Würde er mich verurteilen oder verstehen? Wenn ich ehrlich war, verstand ich ja selbst nicht ganz, was in mir vorging. Für Fremde klang die Liebesgeschichte zwischen Ervin und mir unrealistisch und unreif. Ich selbst hätte mit ziemlich großer Sicherheit noch vor Kurzem eine Trainerin, die ihren um siebenundzwanzig Jahre jüngeren Spieler liebt, verurteilt. Diese Zahl ging mir den ganzen Tag nicht aus dem Kopf.

Ich war dankbar, als Ilse um Punkt vierzehn Uhr an der Tür läutete und zum vereinbarten Englischunterricht kam. Mit ihrem warmen Lachen begrüßte sie mich.

Die Herzlichkeit, die von dieser Frau ausging, hatte mich seit unserer ersten Begegnung berührt. Wir hatten oft nach dem Unterricht gemeinsam Kaffee getrunken und uns so immer besser kennengelernt.

Ich hatte manchmal das Gefühl, als wäre ich Ilses erste Freundin. Sie hatte mir erzählt, dass sie ein dickes und für ihr Alter sehr großes Kind gewesen war. Bei den Sportübungen, bei denen man unter langen Holzbänken durchkrabbeln musste, war sie immer steckengeblieben. Sie war oft ausgelacht worden, hatte sich jedoch früh zu wehren gewusst. Die Schneebälle, die sie geschossen hatte, waren immer die größten gewesen. Niemand hatte sie fertigmachen können, aber auch niemand wollte mit ihr befreundet sein.

Ich hatte das Bedürfnis, vieles von dem wieder gutzumachen, was ihre Mitschüler ihrer Kinderseele angetan hatten. Ilse hatte mir einmal einen Schutzengel aus Messing geschenkt. Diesen Talisman trug ich immer bei mir.

Wie immer übten wir zunächst Englisch lesen und ich erzählte ihr mehr über die Kultur von Irland und Großbritannien. Ich wusste, wie sehr sie sich dafür interessierte. Ilse war vierzehn Jahre älter als ich und ebenfalls Mutter zweier Töchter. Obwohl sie in ihrem Leben nicht viel gereist war, verfügte sie über einen überdurchschnittlich weiten Horizont. Auch ihr Herz war über die Jahre offen geblieben.

»Was ist los, Renata, du bist heute irgendwie abwesend.« Ilse blickte mich fragend an. »Willst du reden?«

Ich schreckte aus meinen Gedanken hoch und winkte ab. Doch ich hatte erkannt, dass ich mich auf Ilse verlassen konnte. Ihr konnte ich mein Geheimnis anvertrauen. Ich lud sie nach dem Unterricht wie gewohnt ein, eine Tasse extrastarken Kaffee mit mir zu trinken.

»Ilse, darf ich dich etwas sehr Persönliches fragen?«, fragte ich.

Sie nickte und blickte mir erwartungsvoll ins Gesicht.

»Hast du eigentlich immer und von Anfang an gewusst, dass dein Mann der Richtige ist?«

Ilse lächelte versonnen und schien dabei etwas nachdenklich.

»Wenn du mich so direkt fragst, absolut. Mein Mann und ich waren von Anfang an ein Team. Er war die Liebe meines Lebens und bis heute hat sich daran nichts verändert.«

»Du hattest keinen Moment des Zweifels über all die langen Jahre eures Zusammenlebens?« Ich suchte nach Anzeichen in ihren Augen.

»Zweifel hat man nur, wenn es nicht passt, Renata. Davon bin ich felsenfest überzeugt.« Sie musterte mich sanft. »Du wirst sehen, meine Liebe, auch auf dich wartet noch der Prinz irgendwo da draußen. Wenn du soweit bist, lauft ihr euch in die Arme und wisst sofort Bescheid. Du solltest einen Krebs-Mann treffen, der würde besonders gut zu dir passen.«

Ich lachte. Ilse war selbst Krebs im Sternzeichen und Ervin auch.

»Wenn ich ihn nun schon getroffen habe?«

»Wie bitte? Das sagst du erst jetzt? Wann, wie und wer ist es?« Sie war in helle Aufregung geraten.

Auch ich spürte mein Herz stärker pochen.

»Ilse, warte. Darf ich dir noch eine Frage stellen? Wie stehst du zu einem großen Altersunterschied zwischen Mann und Frau? Findest du es komisch, wenn der eine viel jünger ist als der andere?«

Sie lächelte verschmitzt.

»Ich finde es toll, wenn heute eine Frau den Mut hat, einen jüngeren Mann zu wählen«, sagte sie. »Was weiß man schon, wo die Liebe hinfällt. Also bitte, spann mich doch nicht so auf die Folter. Wer ist es, der dein Herz erobert hat?«

Ich fasste all meinen Mut zusammen. Ich brauchte einen erwachsenen Menschen, der mir ehrlich sagte, was er von der ganzen Sache zwischen mir und Ervin hielt. Ich brauchte jemanden, der fähig zu einem fairen und gerechten Urteil war.

»Ilse, er heißt Ervin. Und ... er ist einer meiner Spieler aus der Handballmannschaft.«

Schweigen. Ilses Miene wurde ernst. Sie blickte mir fest in die Augen.

»Du meinst, es ist einer deiner Spieler aus der Schule?«

Ich nickte stumm.

»Liebst du ihn, Renata?«

»Ja, Ilse.«

Sie schwieg.

»Weißt du, ich kann es nicht erklären. Es ist ganz einfach so passiert. Wir sind zwei Menschen, die sich nicht verlieben durften und es dennoch taten. Ich weiß nicht, was ich tun soll. Aber eines weiß ich: dass ich Ervin liebe. Und er mich.«

Ilse seufzte tief. Dann fasste sie mich am Unterarm.

»Renata, wenn es so ist, dann soll es auch so sein. Du musst dir keine Vorwürfe machen. Die Liebe überrascht einen, ohne dass man es plant. Und oft genug auch, ohne dass man es möchte.«

Ich nickte wieder stumm. Ich wollte, dass sie weiterredete. Ihre Worte beruhigten mich.

»Die Situation ist zwar schwierig, aber wir alle müssen uns manchmal den Herausforderungen des Lebens stellen.« Sie packte mich fester. »Renata, du bist eine starke Frau. Wenn deine Liebe ehrlich und echt ist, dann kann sie auch der große Altersunterschied nicht aufhalten. Ich sehe dir an, dass du glücklich bist.«

Meine Augen brannten.

Ilse betrachtete mich ruhig. Ihre Worte gaben mir so viel Kraft und Halt. Ich klammerte mich mit der einen Hand an den Schutzengel, den ich in der Hosentasche trug. Mit der anderen hielt ich ihre Hand. Ihr Blick senkte sich zu Boden, als sie fortfuhr.

»Ich bin ehrlich überrascht, das muss ich gestehen. Natürlich weiß ich, dass du nicht einfach mit jedem Bengel ins Bett springst. Es ist klar, dass da mehr ist. Ich denke, das Problem sind deine beiden Mädchen. Das weißt du auch, nicht wahr?«

»Ich habe es ihnen schon gesagt. Sie stehen hinter mir. Sie sagen, dass sie glücklich sind, wenn ich es bin. Meine Töchter sind zwei unglaublich starke junge Frauen, die ein waches Interesse an der Welt und ihren Geschehnissen haben. Sie sind intelligent und verfügen über einen entsprechend weiten geistigen Horizont. Ihre Herzen sitzen am richtigen Fleck.«

Ilses Augen wandten sich mir wieder zu.

»Renata, ich bin sicher, dass sie dich nicht enttäuschen werden. Es wäre aber falsch zu sagen, die Situation wäre einfach. Im Grunde musst du als Mutter sicher sein, dass die beiden mit der Situation wirklich zurechtkommen. Und auch der Junge ... äh ... Ervin muss mit der Entscheidung der beiden leben.«

Ilse sprach mir aus der Seele. Wenn auch nur eine meiner Töchter ein Veto gegen meine Liebe zu Ervin eingelegt hätte, hätte ich unverzüglich einen Schlussstrich unter die ganze Sache gezogen. Ich liebe meine Töchter und als Mutter bin ich bereit, jedes Opfer zu bringen. Doch ich war sicher, dass sie die Wahrheit gesagt hatten, als sie sich mit mir über mein Glück gefreut hatten.

»Ervin hätte das auch verstanden, davon bin ich überzeugt, Ilse. Er ist so viel reifer als die meisten erwachsenen Männer, die ich kenne. Ich möchte, dass ihr euch so bald wie möglich kennenlernt.«

Ich stellte mir vor, wie Ervin mit Ilse, meinen Mädchen und mir am Tisch saß und Kaffee trank. Wie schön wäre es, alle meine Liebsten um mich versammelt zu haben und ein ganz normales Leben gemeinsam mit ihnen zu führen. Doch bis dahin schien der Weg noch unendlich weit zu sein.

Beim Abschied umarmte mich Ilse fest und ich fühlte mich in ihren starken Armen kurz wieder wie ein kleines Mädchen. Ich begleitete sie hinaus zu ihrem Auto. Als ich durch die Kälte zurück zum Haus lief, spürte ich eine tiefe innere Wärme. Warum sollte ich Trübsal blasen? Ich war frisch verliebt! Ich hatte zwei wunderbare Töchter, die mich immer verstanden. Und ich hatte die beste Freundin, die man sich vorstellen konnte. Eine Freundin, die mich selbst in dieser unglaublich schwierigen Situation unterstützte und mir den Rücken stärkte.

Ich warf einen Blick auf die Uhr. Es war noch früh. Eine Hürde stand mir heute noch bevor. Was würde Milivoj zu meiner Liebe zu Ervin sagen? Und wie würde er in Zukunft mit meinem Freund auskommen?

In der Küche zeigte mir mein Noch-Ehemann seine schmale Rückenansicht. Die Nachbarn schienen etwas zu feiern. Musik, gedämpftes Lachen und klappernde Gläser waren zu hören. Milivoj hatte eine Pizza in den Ofen geschoben. Der Tisch war einfach, aber liebevoll gedeckt. Ich zupfte abwechselnd an der Serviette neben meinem Teller und meinen Haaren herum.

Die Stille im Raum war friedlich. Milivoj gab mir die Zeit, die ich brauchte, um mich ihm anzuvertrauen. Ich sah ihm zu, wie er den Salat wusch und Tomaten fein säuberlich in kleine Würfel schnitt. Er hatte immer noch eine durchtrainierte Figur. Seine hellbraunen Haare trug er in letzter Zeit etwas länger, wodurch einzelne graue Strähnen besser sichtbar wurden und ihm einen intellektuellen Anstrich verliehen. Ich musste schmunzeln, denn aus Büchern hatte sich Milivoj im Gegensatz zu mir nie etwas gemacht. Ich verschlang mit Vorliebe Literatur in englischer Sprache, während er sich lieber die Sportsendungen im Fernsehen ansah. Wenn ich ins Theater oder ins Museum gehen wollte, hatte er mich immer bereitwillig ziehen gelassen. Er hatte gewusst, dass er mir blind vertrauen konnte. Ervin war viel eifersüchtiger, eine Eigenschaft, die mir an ihm gefiel. Er gab mir damit das Gefühl, einzigartig für ihn zu sein.

»Und wie ist es heute gelaufen?« Ich fragte Milivoj nach seinem letzten Spiel, um die Spannung in mir abzubauen.

»Danke, ganz gut, doch die Stimmung zwischen den Mannschaften war heute richtig geladen. Es war gar nicht so leicht, die Gemüter zu beruhigen. Du kennst das ja.«

Milivoj war oft als Schiedsrichter im Einsatz. Seine ruhige, ausgeglichene Art half ihm bei schwierigen Verhandlungen in Streitfällen, auch auf dem Handballfeld. Jetzt würde ihm genau diese pädagogische Fähigkeit dabei helfen, mir seine ehrliche Meinung ins Gesicht zu sagen.

»Milivoj. Ich habe mich verliebt.« Die Worte sprudelten etwas zu schnell aus mir heraus. Meine Stimme klang untypisch hoch, fast schrill.

Milivoj ließ das Messer auf das Brett mit den Tomaten fallen und drehte sich abrupt zu mir um. Aus dem Ofen dampfte heiße Luft und verströmte ein würziges Aroma im Zimmer. Aus der Nachbarwohnung drang lautes Lachen herüber.

»Wie schön für dich«, sagte Milivoj langsam und erstaunlich gefasst. Seine Stimme klang etwas heiser, aber er lächelte mich freundlich an. »Bist du glücklich?«

Er nahm die Pizza aus dem Ofen, legte sie mit einer schnellen, geschickten Bewegung auf zwei Teller, goss großzügig Olivenöl über beide Portionen und kam damit auf mich zu.

Ich zögerte, blickte auf meine Hände.

»Renata, was ist das Problem?«

»Ich weiß nicht, wie ich es sagen soll. Sieh mal, es ist nicht so leicht. Ich bin sehr glücklich, aber ich habe Schuldgefühle.«

Milivoj sah mich verwundert und zugleich erwartungsvoll an. Er wandte sich noch einmal um und kehrte mit dem Brett voller knallroter Tomatenstücke zurück an den Tisch. Rasch kippte er die zerkleinerten Tomaten in den Salat, goss Balsamico und Öl darüber und verteilte ihn in zwei kleine Schüsseln.

»Jetzt lass es dir erst einmal schmecken.« Er schob den Teller mit der Pizza Margherita näher zu mir hin. Seine Geste hatte etwas Mütterliches.

Der pikante Duft von Tomaten und Oregano drang in meine Nase. Mir wurde bewusst, wie hungrig ich eigentlich war. Ich hatte den Tag über kaum etwas gegessen. In der Aufregung hatte ich völlig darauf vergessen.

»Er heißt Ervin«, setzte ich an und biss in ein riesiges Stück Pizza. Ich konnte ein wenig Zeit schinden, indem ich ausgiebig auf dem Bissen herumkaute.

»Ja?« Milivoj lächelte amüsiert und ein wenig verunsichert.

»Er ist ein Spieler aus meiner Mannschaft.«

»Er ist – was?«

Ich senkte den Blick und sofort überkam mich ein Anflug von Verzweiflung. Meine eigenen Worte klangen unglaublich. War das wirklich ich selbst, die das gesagt hatte? Ich verstieß nicht nur gegen ein Gesetz der Gesellschaft, ein moralisches Tabu, nein, ich verstieß gegen eine feste Grundregel beim Sport. Trainer und Spieler, das war bei allen Mannschaftsspielen schier undenkbar.

»Renata! Das glaube ich jetzt einfach nicht. Ist das wirklich wahr?« Milivoj schob seinen Teller beiseite und sah mich durchdringend an.

»Ja, Milivoj, meinst du, ich mache hier einen dummen Scherz? Weißt du, wie ich mich gerade fühle?« Ich legte die Gabel nieder und blickte ihn verzweifelt an. Ich spürte, wie Tränen in mir aufstiegen und kämpfte sinnlos dagegen an.

»Denkst du jetzt, ich bin eine Rabenmutter?« Ich schluchzte.

Er atmete tief ein und noch einmal aus und fasste sich sichtlich wieder.

»Quatsch, Renata, was redest du denn da?« Milivoj stand auf, ging zu Spüle, füllte ein Glas mit Wasser und leerte es in einem Zug. »Liebst du ihn?« Er drehte sich wieder zu mir und sah mir direkt in die Augen.

»Ja.«

»Liebt er dich auch?«

»Ja. Ervin liebt mich, das weiß ich.«

Als ich die Worte aussprach, spürte ich wieder ein Gefühl der Unbesiegbarkeit und Sicherheit in mir aufsteigen. Es war, als spräche ich eine geheime Zauberformel und ich fühlte mich wieder stärker, sicherer und wohler in meiner Haut.

»Wir lieben uns, Milivoj«, sagte ich noch einmal mit Nachdruck, mehr zu mir selbst als zu ihm.

»Renata, dann gibt es nichts anderes, als es so zu akzeptieren. Du weißt, ich bin immer an deiner Seite und halte zu dir. Ich sage dir aber auch offen und ehrlich, dass ich es beim besten Willen nicht verstehen kann. Wie alt ist er denn überhaupt?«

»Dreizehn Jahre.«

Milivoj starrte mich wieder ungläubig an. Ich sah ihm an, wie schwer es für ihn war, die Fassung zu bewahren.

»Das … also … na ja … Das hätte ich nie von dir gedacht.«

»Ich auch nicht, Milivoj, ich auch nicht.«

Wir mussten beide grinsen. Wir waren immer ein gutes Team gewesen. Wir konnten uns aufeinander verlassen. Es gab nicht viele Menschen auf der Welt, die mir so nahe gekommen waren wie mein Noch-Ehemann.

Er schüttelte ungläubig den Kopf, machte mit seinen Händen eine Geste in Richtung Himmel, als würde er mit einem imaginären Gott ringen. Dann blickte er mich an, seine Züge wirkten wieder entspannt.

»Renata, noch einmal, du weißt, dass ich hinter dir und unseren Töchtern stehen werde, egal, was passiert!«

»Auch, wenn die Zeitungen voll von dieser Geschichte sind?«

»Renata, wir sind eine Familie. Das werden wir auch immer bleiben. Daran wird auch die Presse nichts ändern.«

Ich brachte keinen Bissen mehr hinunter und wischte mir ein paar Tränen aus den Augen.

»Und die Mädchen, was meinst du? Kann ich ihnen das überhaupt zumuten?«

»Die beiden sind stark. Genau wie du. Wir werden das alle gemeinsam schaffen!«

Er setzte sich wieder, biss in seine Pizza und zwinkerte mir zu. Für ihn schien die Sache gegessen. Ich war zutiefst gerührt. Obwohl ich mich auch in der Vergangenheit immer auf ihn verlassen hatte können, war seine spontane Reaktion Balsam auf meiner Seele. Für kurze Zeit fühlte ich mich erleichtert. Bei den Nachbarn zerplatzte ein Glas auf dem Boden. Der Knall brachte mich unmittelbar zurück in die Realität.

»Ich vermisse dich!« Ervins SMS kam genau zum richtigen Zeitpunkt. Ich hatte keinen Hunger mehr und wurde wieder unruhig.

Ich dachte an die letzte Hürde, die noch vor mir lag. Die Jungs, meine Jungs. Jetzt, wo wir ins mittlere Play-off der U13 der Niederösterreichischen Meisterschaft aufgestiegen waren, würde ich sie wieder verlassen müssen. Wie würden sie über ihre Trainerin denken, die ihnen Professionalität als das Maß aller Dinge gepredigt und dann selbst gegen eine der wichtigsten Regeln verstoßen hatte? Ich kämpfte mit einer Mischung aus Wut und Verzweiflung und griff nach dem Eistee, den mir Milivoj hingestellt hatte. Ich versuchte, mit einem kräftigen Schluck auch meine Selbstzweifel hinunterzuspülen. Milivoj sah mich an.

»Renata, es wird alles gut werden, glaub mir. Denk daran, was wir in unserer Vergangenheit schon alles gemeinsam geschafft haben!«

Dankbar lächelte ich ihn an. Ich konnte mir keinen besseren Vater für meine beiden Töchter vorstellen.

11

Mein erster Anruf am Donnerstag, den 4. März, galt meinem Kollegen Stephen. Er ging nicht an den Apparat. Ich wählte die Nummer ein zweites Mal. Ich wollte die Sache so rasch wie möglich hinter mich bringen.

»Ja, bitte?« Stephen klang gehetzt. Im Hintergrund hörte ich das vertraute Quietschen von Turnschuhen auf gummiertem Boden. Bälle prallten hart gegen Wände.

»Stephen, wann hast du Zeit für ein Gespräch unter vier Augen? Es ist dringend!«

»Ich hab gerade Training, Renata, und momentan überhaupt verdammt viel um die Ohren. Kann das nicht bis nächste Woche warten?«

Er schrie seinen Schützlingen ein paar Kommandos zu.

»Stephen, hör zu, es ist mir sehr wichtig«, sagte ich.

»Okay. Ich melde mich bei dir, so schnell ich kann.« Stephen sprach jetzt direkt in den Hörer. Ich wusste, dass er mich verstanden hatte. Ich vernahm ein hohes Tuten. Er hatte aufgelegt.

Etwas missmutig ging ich in die Küche und bereitete ein Frühstück für die Mädchen vor. Meine Gliedmaßen fühlten sich wieder schwer wie Blei an. Meine Jungs werden denken, ich lasse sie im Stich! Der Gedanke bohrte sich wie ein Speer in mein Herz. Ich zog die Brauen zusammen und biss mir auf die Lippen, bis es schmerzte.

Emily kam als Erste zum Tisch, schnappte sich eine Semmel, warf sie hoch in die Luft und fing sie mit einer übertriebenen Geste wieder auf.

»Guten Morgen, du Frischverliebte!« Sie konnte so herrlich unbeschwert und kindisch sein.

»Guten Morgen, meine Süße.« Ich strich ihr über die glatten braunen Haare. »Geht es dir gut?«

»Wenn es dir gut geht, Mama, dann geht es mir immer gut.« Sie gab mir einen Kuss auf die Wange, langte nach dem Käse und rannte in den Flur.

»Bin spät dran, Mama. Ich muss noch ein paar Sachen holen.« Mit diesen Worten verschwand mein kleiner Wirbelwind in ihr Zimmer.

Nachdenklich blickte ich in den Spiegel, der neben mir an der Wand hing. Ich sah hübsch aus. Die Haut meiner Wangen war rosig, richtig strahlend. Ich blickte mir in die Augen und beobachtete, wie sie sich langsam mit Wasser füllten. Bewegt wandte ich den Blick ab. Für einen Augenblick wusste ich nicht, ob ich vor Glück oder Unglück weinte. Die beiden Gefühle waren in diesem Moment zu eng miteinander verbunden.

Am Nachmittag wollte ich Carla und Ervin miteinander bekannt machen. Carla lernte gerade für eine Prüfung. Deshalb würde sie später am Nachmittag zu Hause sein. Ervin hatte mir schon früh am Morgen eine verliebte SMS geschickt. Ich fühlte mich so wohl, wie schon lange nicht mehr. Ich war aufgewühlt, aber zufrieden. Das vermeintliche Familiendrama war ausgeblieben. Meine Lieben hatten vorbildlich reagiert und mir sogar den Rücken gestärkt. Wir zogen alle an einem Strang.

Dennoch hatte ich Angst vor der Zukunft. Die Kontrolle zu verlieren, fiel mir unendlich schwer, doch mein ganzes Leben geriet allmählich völlig außer Kontrolle. Ich setzte mich allein an den Tisch und legte eine Hand auf mein Herz. Es hatte den harten Kampf mit meinem Verstand gewonnen und schlug nun ruhig und voller Liebe für Ervin. Als ich so dasaß, meldete sich eine

Stimme aus meinem Inneren und erinnerte mich daran, dass dies nur die Ruhe vor dem Sturm war. Wie richtig mein Bauchgefühl war, zeigte sich binnen weniger Tage.

Ich beobachtete, wie sich Ervin die Kapuze über den Kopf stülpte und sie an den beiden Bändern festzog. Er kam aus dem Haustor und steuerte direkt auf meinen Wagen zu. Seine Haare verschwanden gänzlich unter dem dunklen Stoff, nur sein ernstes Gesicht war zu sehen.

»Hey Renata!« Ervin öffnete die Wagentür, ließ sich in den Sitz fallen. Die Haube umrahmte sein Gesicht. Ich bemerkte, wie fein und zart seine helle Haut war. Zur Begrüßung küsste er mich.

»Na, wie war's?« Ich schob ihn ein Stück weit von mir weg, um in seinen Augen lesen zu können.

Ervin war gerade bei seinem Stiefvater Stefan gewesen, um ihm von uns zu erzählen. Ich kannte Stefan nur aus Erzählungen und wusste, dass er Ervin schon früh, als er ein Jahr alt gewesen war, adoptiert und ihm seinen Nachnamen gegeben hatte. Bald darauf wurde Ervins Halbschwester Nadine geboren. Judith hatte sich von Ervins leiblichem Vater getrennt, als sie mit Ervin schwanger gewesen war. Sie war damals siebzehn Jahre alt gewesen. Auch von Stefan war sie inzwischen getrennt. Dennoch hatte Ervin mit seinem Stiefvater Kontakt, verbrachte oft die Wochenenden oder den Urlaub mit ihm.

»Hm.« Ervin zuckte ein wenig ratlos mit den Schultern.

»War Nadine auch dabei?« Ich sah von der Seite, wie er nickte.

»Die ist dann aber ziemlich schnell hochgegangen in ihr Zimmer. Irgendwie war das alles ein bisschen komisch.«

Ich sah ihn wieder an, sagte aber nichts. Ich wusste nicht genau, wie Ervins Verhältnis zu seinem Stiefvater war. Er redete selten über ihn.

»Ich stand zunächst mit Stefan in der Küche herum und dann räumten wir auf. Dabei hat er so eigenartige Männerscherze gemacht«, sagte Ervin. Er starrte geradeaus auf die Straße. »So auf die Art, dass ich angeblich viel mit meiner Trainerin rumhänge und so.« Ervin sah kurz zu mir und gleich wieder nach vorne. »Weißt du, da dachte ich bei mir, dass er die Sache cool nehmen würde. Er ist sowieso immer viel weniger streng als Mama gewesen.«

»Aha. Und dann?« Ich hatte ein eigenartiges Gefühl in der Magengegend. Ich kannte diesen Mann nicht und konnte mir aus Ervins Schilderungen kein genaues Bild von ihm machen. Ich ermahnte mich still, nicht zu viele Vorurteile zu haben.

»Ich hab dann gesagt, dass ich ihm wegen meiner Trainerin ohnehin etwas sagen wollte.« Ervin musterte nachdenklich das Muster auf der Innenseite seiner Handflächen. »Dann habe ich es einfach geradeheraus gesagt.«

»Wie hat er reagiert?«

»Er hat nicht viel gesagt. Dann hat er mich gleich gefragt, ob wir schon miteinander geschlafen haben.« Ervin sah mich nun direkt an.

Ich stieg versehentlich kurz auf die Bremse und das Auto hoppelte.

»Und?«

»Nichts. Ich habe die Wahrheit gesagt.«

Ervin sah mich fragend an, als suchte er nun seinerseits in meinen Augen die Bestätigung, das Richtige getan zu haben. Ich nickte.

»Gut. Hat er darauf irgendwie schockiert reagiert?«

»Nein. Er ist ganz ruhig geblieben und hat nur genickt oder so.« Ervin betrachtete wieder seine Hände. »Er möchte uns beide treffen. Morgen zu Mittag, in einem Restaurant. Nadine soll auch kommen. Ich habe gesagt, wir haben vor dem Match kurz Zeit. Ist das okay?«

Ich holte tief Luft und atmete in den Bauch hinein, genau dorthin, wo sich dieses eigenartige Gefühl immer breiter machte. Dann sah ich auf die Uhr. Es war 12.30 Uhr. Wir würden also morgen um dieselbe Zeit mit Stefan zu Mittag essen. Da konnte ich mir selbst ein Bild von ihm machen.

»Ja, das ist gut.« Ich versuchte ein Lächeln. »Lass uns nur darauf achten, dass wir nicht länger als dreißig Minuten im Restaurant bleiben. Ich möchte rechtzeitig vor dem Match in der Halle sein.« Ich startete den Motor und begab mich in den Freitagabendverkehr.

Ervin stimmte mir zu. Ich wusste, wie sehr er sich auf das bevorstehende Match gegen Hollabrunn gefreut hatte. Jetzt vermisste ich aber die ursprüngliche Fröhlichkeit in seinem Gesicht. Ich wurde bei dem Gedanken an das Spiel immer nervöser. Ich war mir aber nicht mehr sicher, ob das nur daran lag, dass wir gegen die momentan stärkste Mannschaft unserer Gruppe in Österreich antreten mussten.

Am nächsten Tag ließ ich Ervin vor dem Restaurant aussteigen und begab mich auf die Suche nach einem Parkplatz. Ganz in der Nähe fand ich eine freie Lücke. Das Lokal war zum Bersten voll. Ervin, Nadine und ein Mann mit kurzgeschorenen braunen Haaren, Stefan, saßen bereits an einem Tisch in unmittelbarer Nähe des Eingangs. Es roch ein bisschen zu intensiv nach Essen und die Luft war stickig und feucht. Ich hatte keinen Appetit, und wenn ich Appetit gehabt hätte, wäre er mir in der dichten Atmosphäre bestimmt schnell vergangen.

»Hallo«, rief ich in die Runde und begrüßte alle der Reihe nach mit einem festen Händedruck. Stefan sah mich mit seinen blauen Augen an und mir wurde augenblicklich kalt dabei. Meine Intuition hatte mich nicht getäuscht. Stefan und ich würden uns nicht verstehen.

Das Gespräch verlief stockend. Wir sprachen über das Handballspiel, das Wetter und endlich das Essen. Mehr als eine Frittatensuppe brachte ich beim besten Willen nicht hinunter. Ich dachte an die Mittagessen im Kreise meiner eigenen Familie und wie wir ausgelassen miteinander lachten.

An diesem Tisch herrschten trotz der durchaus freundlichen Worte, die spärlich gewechselt wurden, arktische Temperaturen. Ich sah zu Ervin, dann auf die Uhr und wie immer verstanden wir uns blind.

»Danke Stefan. Wir müssen jetzt los, zum Match. Zum Nachtisch können wir leider nicht bleiben«, sagte Ervin bestimmt.

»War nett, Sie kennengelernt zu haben, Renata.« Stefan streckte mir die Hand entgegen. Seine Bewegung war überraschend flink. Die Geste wirkte, als würde er mir statt seines Arms ein Schwert entgegenstrecken. Ich griff beherzt zu.

»Ebenfalls, Stefan.«

Ervin und ich verließen das schummrige Lokal hintereinander. Diesmal nahmen wir uns nicht an der Hand.

Als wir bei der Turnhalle ankamen, saßen die Jungs bereits in ihren Dressen im Kleinbus. Die neun Sitze waren an diesem Tag allerdings nicht gefüllt. Die gegnerische Mannschaft würde inklusive Ersatzspieler dreizehn Mann haben. Ich fuhr mit lediglich sechs Jungs los. Der Zufall wollte es, dass nicht mehr zur Verfügung standen. Einige Spieler waren krank, andere mit der Schule auf Skikurs. Wir würden also von Anfang an mit einem Mann weniger spielen müssen. Also mussten wir die richtige Taktik sehr genau planen.

»Hallo, alle zusammen!« Ich setzte mich ans Steuer. »Los geht's, ihr Helden!«

Ich blickte aufmunternd in die Runde. Die Stimmung war deutlich gedämpft, doch alle hielten den Daumen hoch. Ich lächelte. Das Mittagessen mit Stefan verschwand langsam aus meinem Gedächtnis. Nun war es an der Zeit, sich auf das Match zu konzentrieren.

Auf der Fahrt dachte ich über das bevorstehende Spiel nach. Hollabrunn war unser stärkster Gegner. Sogar mit normaler Besetzung hätten wir wohl mit zehn Toren Differenz verloren. Da wir aber nicht komplett waren, musste ich mit einer totalen Katastrophe rechnen. Aber wir waren Kämpfernaturen. Wir würden nicht von Beginn an klein beigeben. Als ich mit dem Bus am Platz vorfuhr, ermutigte ich die Jungs noch einmal, alles zu geben. Ich ahnte, dass es eines unserer letzten gemeinsamen Spiele sein würde.

Wie immer erfolgten die Spielinstruktionen in der Garderobe.

»Männer, hört mir gut zu«, sagte ich. »Hollabrunn ist ein harter Brocken, aber wir haben eine winzige Chance, eine einzige.«

Ich machte eine bedeutungsschwere Pause und sah jeden einzelnen der sechs Jungs an. Sie waren ruhig und hörten mir aufmerksam zu. Ich hatte unseren Gegner wie gewohnt im Vorfeld analysiert und wollte ihm daher mit einer Formation begegnen, die normalerweise nur die Kroaten und manchmal die Franzosen beherrschen.

»Wir spielen die Dreiecksformation«, sagte ich.

Unverständliche Blicke.

»Was ist das, wie geht das?« Olli blickte erst mich, dann seine Kameraden an.

»Das bedeutet, dass von den fünf Spielern am Feld drei an der Sechs-Meter-Grenze stehen. Die anderen beiden stehen ganz vorne. Eines ist dabei wichtig: Ihr müsst immer ein Dreieck bilden. Hört genau auf meine Kommandos. Ich steuere euch von der Loge aus. Vor allem für die beiden vorderen Spieler ist das eine Herausforderung, weil sie ja nicht sehen können, was hinten passiert.« Ich blickte in große Augen.

»Und die hinteren Spieler?«, fragte Olli.

»Die hinteren müssen sich ständig bewegen und darauf achten, dass diese Dreiecksformation erhalten bleibt. Da darf kein Gegner dazwischenkommen!« Ich ging zur Garderobentür. »Alles klar, Männer?«

»Alles klar!« Olli zwinkerte mir zu und die anderen wiederholten laut im Chor: »Alles klar!«

Bevor ich die Tür hinter mir schloss, hielt ich den Daumen hoch.

Der Trainer der gegnerischen Mannschaft saß schon in der Loge. Ich nickte ihm höflich zu. Bestimmt war er zehn Jahre jünger als ich. Er trug statt eines Trainingsanzugs Jeans und T-Shirt. Als meine Jungs zum Aufwärmen aus der Garderobe aufs Feld liefen, sah er mich erstaunt an.

»Ist das alles, was ihr zu bieten habt?«

»Ja, klar. Mehr brauche ich nicht«, sagte ich. »Wieso soll ich zehn Jungs mitnehmen, wenn mir sechs genug sind.« Auf Provokation reagiere ich immer mit schnippischen Kommentaren.

»Ich meine ja nur.« Der Trainer grinste frech und wähnte sich offensichtlich überlegen.

Kurz vor der Halbzeit stand das Match mit 13:13 unentschieden. Das Gesicht des gegnerischen Trainers hatte ein dunkles Rot angenommen. Im Normalfall hätte seine Mannschaft locker mit zehn Toren in Führung liegen müssen. Er verhielt sich fahrig und wechselte ständig seine Spieler aus. Man konnte ihm dabei zusehen, wie er immer nervöser wurde. Heimlich genoss ich ein Gefühl des Triumphes, riss mich aber zusammen. Dabei rannte ich ständig auf der Linie auf und ab und schrie den Jungs Kommandos zu.

»Matthias, zurück, zurück! Schneller! Ja, bleib da.« Matthias war ein sehr junger Spieler. Er spielte normalerweise kaum bei den richtigen Matches, aber an diesem Tag hatte ich keine Wahl gehabt. Ich musste dieses Match mit den vorhandenen Feldspielern durchstehen.

»Weiter nach vorne mit euch! Los, Ervin!« Sie hatten ausschließlich eine Chance zu punkten, wenn sie vorne dabei waren. »Dran bleiben! Lasst sie nicht nach vorne kommen!« Die Verteidigung klappte gut. Nur am Flügel konnten sie uns regelmäßig ausspielen, weil sie einen Spieler mehr am Feld hatten.

Die gegnerische Mannschaft schoss ein Tor und lag damit in Führung. Die Zeit lief unbarmherzig und es verblieben noch genau dreißig Sekunden bis zur Halbzeit, als ein gegnerischer Spieler den Ball verlor. Ervin schnappte ihn sich mit einer geschickten, unheimlich flinken Bewegung. Er setzte sich in Bewegung und ging zum Angriff über. Zügig passte er den Ball Patrick zu, der mitten im Kreis stand.

»Schieß, Patrick! Jetzt!«, brüllte ich.

Patrick rutschte aus und fiel zu Boden. Ich fluchte leise in mich hinein. Dann sah ich wie Patrick im Fallen den Ball zu Ervin zurückwarf.

»Tooor!«

Ich traute meinen Augen nicht. Vor Freude hüpfte ich in der Loge auf und ab. Wir hatten den Ausgleich geschafft. Es stand 14:14 in der Halbzeit. Bevor ich zu den Jungs in die Garderobe ging, warf ich meinem Kollegen einen eiskalten Blick zu. Aber er bemerkte mich nicht. Er war zu sehr damit beschäftigt, seine Spieler lautstark zu beschimpfen.

»Anfänger!«

So etwas gab es bei uns nicht. Selbst bei schlechteren Spielen würde ich meine Jungs nie in der Öffentlichkeit demütigen und in der Pause so demotivieren.

In der Garderobe lobte ich meine kleine Mannschaft ausgiebig. Unsere Einstellung zum Spiel nahm uns den Druck. Wir wussten ja alle, dass wir nichts zu verlieren hatten und uns letztlich nichts anderes übrig blieb, als zu improvisieren. Wir hörten nicht auf, uns gegenseitig Mut zuzusprechen. Als die Pause um war, waren alle Jungs wieder mit vollem Ernst dabei. Nach unserem fulminanten Start versprach die zweite Hälfte richtig spannend zu werden.

Vor der zweiten Halbzeit warf mir der gegnerische Trainer zur Begrüßung einen sauren Blick zu. Ich war neugierig, was er wohl an seiner Taktik verändert hatte. Seine Mannschaft galt als die stärkste weit und breit. Etwas mehr mussten sie doch noch zu bieten haben. Aber das Spiel ging weiter wie bisher. Die Mannschaften schossen abwechselnd Tore. Doch dann gelang es Ervin, zwei Tore hintereinander zu schießen. Nun lagen wir mit zwei Toren in Führung. Meine Jungs wurden sichtbar übermütig und Matthias kassierte zweimal eine Strafzeit von zwei Minuten. Dann passierte es.

»Hey! Stopp!« Die Schiedsrichterin pfiff scharf ab und zog die Rote Karte für Matthias. Er war mit einem Fuß zwischen die Beine eines anderen Spielers gerutscht, wodurch dieser zu Fall gekommen war. Kein Foul, meiner Meinung nach, aber die Schiedsrichterin sah den Vorfall anders. Matthias musste das Feld verlassen. Ich hatte nur noch vier Spieler auf dem Feld. Normalerweise darf in so einem Fall ein anderer Spieler für den fehlenden aufs Feld gehen. Aber ich hatte keinen einzigen

Ersatzspieler auf der Bank. Der gegnerische Trainer grinste schadenfroh zu mir herüber. Ich ignorierte ihn.

»Weiter Jungs, hopp!«

Ich lief wieder an der Linie auf und ab. Wir hatten noch fünfzehn Minuten Spielzeit zur Verfügung. Aus Erfahrung wusste ich, dass es höchstens fünf bis sechs Minuten mit vier Spielern am Feld möglich ist, die Stellung überhaupt zu halten.

Wieder hörte ich einen Pfiff. Diesmal bekam Ervin zwei Strafminuten und musste auf die Bank. Sein Gesicht spiegelte eher Wut als Verzweiflung.

»Ein hübsches kleines Trio ist das jetzt.« Der gegnerische Trainer machte keinen Hehl aus seiner Freude. Ich musste mich heftig zusammenreißen, um ihm nicht die Meinung zu sagen. Doch ich tat gut daran, mir diese Blöße zu ersparen. Meine Jungs bewiesen ihre Stärke im Spiel. Obwohl wir nur noch drei Spieler am Feld hatten, schafften es die gegnerischen sechs nicht, unser Tor zu entern. Als meine Jungs endlich im Gegenzug das gegnerische Tor attackierten, trafen sie pfeilgerade ins Schwarze.

»Tor! Spitze, Olli!«

Ich sah, wie der gegnerische Trainer mit dem Fuß gegen die Bank trat. Das musste schmerzhaft gewesen sein. Auch seine Jungs auf dem Feld waren den Tränen nahe. Das war wohl einer der peinlichsten Momente in der Geschichte des UHC Hollabrunn.

»Unfähiger kann man nicht sein«, flüsterte ich Ervin, der seine zwei Minuten neben mir auf der Bank absaß, ins Ohr.

»Und eine bessere Trainerin als dich können wir uns nicht wünschen.« Er strahlte mich an.

Ich fühlte mich unbesiegbar. Von Anfang an hatte ich mit dieser Mannschaft immer nach ungewöhnlichen Lösungen suchen müssen. Nie hatte es die perfekten Voraussetzungen gegeben. Wie so oft im Leben gelingt aber am besten, was mit dem Herzen improvisiert statt aus irgendwelchen Lehrbüchern gelernt wurde. Im Sport und im Leben gibt es selten ideale Voraussetzungen, nur eine gewisse Flexibilität macht sich am Ende bezahlt.

»Los, Ervin, weiter geht's.« Ich stupste ihn zurück aufs Feld und sah zu, wie meine Jungs weiter kämpften. Wir kassierten Tore und schossen welche. Die gegnerische Mannschaft wurde langsam aggressiv und versuchte so, in den letzten Spielminuten das Maximum herauszuholen. Ein Junge stieß Ervin beim Springen ein Knie in die Rippen. Ervin ging zu Boden und krümmte sich.

»Hey! Das war ein Foul!« Ich blickte die Schiedsrichterin an, die auch prompt zur Pfeife griff. Ich sah den Schmerz in Ervins Gesicht. Sofort mahnte ich mich zur Zurückhaltung. Das Spielfeld ist kein Platz für Gefühle.

Ein einziges Mal waren meine Gefühle während eines Matches mit mir durchgegangen. Mit zwölf war Emily von einer Siebzehnjährigen in die Mangel genommen worden. Ich hatte gewusst, dass Emily nicht mehr atmen konnte. Mir hatte der Anblick selbst die Kehle zugeschnürt. Tränen waren in Emilys Augen. Ich tat so, als würde ich am Boden etwas suchen. Emily sollte nicht sehen, wie ich mich fühlte. Hätte ich mein Mitgefühl zur Schau gestellt, wäre sie mit Sicherheit völlig zusammengebrochen. Handball ist ein harter Sport.

Ervin bekam einen Freiwurf und durfte von jener Stelle, wo das Foul passiert war, den Ball ins Spielfeld werfen. Die ganze gegnerische Mannschaft baute sich vor ihm auf. Er konnte das Tor unmöglich treffen. Die Spieler waren ziemlich groß, über ihre Köpfe hinwegzuschießen war unsinnig. Ich sah, wie Ervin auf eine Lücke zwischen dem Jungen rechts außen und seinem Nachbarn zielte. Diese Lücke schloss sich in eben dem Moment, als Ervin den Ball warf. So traf er einen Spieler direkt in die Magengrube. Der Junge krümmte sich und ging zu Boden.

»Hey, pfeif deine Bullen mal zurück«, brüllte der gegnerische Trainer in meine Richtung. »Der Typ schießt einfach meine Männer ab!«

Jeder Handballer weiß, dass man, wenn man absichtlich auf den Körper eines Spielers zielt, für das darauffolgende Spiel gesperrt wird.

»Ich wollte zwischen den beiden durchschießen!« Ervin kam zum Rande des Spielfelds gerannt und sah abwechselnd mich, den anderen Trainer und die Schiedsrichterin an.

»Pass du bloß auf, Kleiner«, schrie der Trainer. »Sonst sorge ich dafür, dass du überhaupt nicht mehr spielst!«

Ich deutete Ervin, ruhig weiterzuspielen. Wir hatten ohnehin nur noch ein paar Minuten und langsam war die Luft draußen.

Wir verloren das Spiel mit fünf Toren Differenz. Es war dennoch unser bestes Ergebnis gegen Hollabrunn und ich war mächtig stolz auf meine Jungs. Wären wir komplett gewesen, hätte Hollabrunn sicher gegen uns verloren. Der gegnerische Trainer war sichtlich mit den Nerven am Ende. Er kam sogar nach Ende des Matches noch einmal zu Ervin und drohte ihm heftig.

»Wie schlecht muss man eigentlich sein, wenn man als eine komplette Aufstellung gegen fünf Spieler nur ganz knapp gewinnt?«, fragte mich Ervin auf dem Weg zurück in die Garderobe.

Ich nickte zustimmend.

»Schlechter geht es wirklich nicht. Die Mannschaft war ja auch sichtlich am Boden zerstört«, erwiderte ich. Dann rief ich den übrigen Jungs zu: »Kommt, wir fahren zum Mäcki! Jungs, was meint ihr? Ich würde sagen, lasst uns feiern!«

12

Am darauffolgenden Wochenende sollten in Krems wieder Matches stattfinden. Die Woche wollten wir also zum Trainieren, aber auch zum Regenerieren nutzen. Nach dem Training brachte ich Ervin nach Hause.

Die Hunde bellten laut zur Begrüßung.

»Kommst du noch mit hoch?« Judith hatte uns schon erwartet. Sie empfing uns vor der Haustür. »Ich hätte gerade frischen Kaffee und etwas Kuchen.«

Ich freute mich über die Einladung. Ich war glücklich über das gute Verhältnis, das ich zu Judith hatte. In der Küche setzten uns Ervin und ich an den Tisch. Judith brachte Milch und Zucker. Die Atmosphäre war entspannt.

»Weißt du, ich hab mir da etwas überlegt, Renata.« Judith sah erst mich, dann ihren Sohn an. »Die Wohnung oben, also Ervins kleines Reich … Ich dachte nur … also, ich dachte mir, vielleicht möchtest du sie mieten?« Als Judith den erstaunten Ausdruck in meinem Gesicht sah, sagte sie schnell, dass Ervin wieder in sein ursprüngliches Zimmer ziehen könne. »Das ist doch viel praktischer. Immer diese lange Fahrt aus Eisenstadt … Du kannst ja deinen Alltag kaum bewältigen, das Training mit Emily und so weiter. Außerdem hatte ich auch früher einmal Untermieter hier im Haus. Also, wenn du willst …«

»Mein Gott! Das ist ein Geschenk für mich!« Ich wäre ihr am liebsten um den Hals gefallen. »Ich suche sowieso schon lange eine Zweitwohnung in der Nähe der Halle. Judith, ganz ehrlich, das wäre großartig.«

Ervin strahlte. Wir prosteten uns mit den Kaffeetassen zu.

»Auf die neue Mieterin, auf Renata!«

Noch am gleichen Nachmittag besorgten Ervin und ich Farbe für die Wände meiner neuen Wohnung.

Ich wollte die Küche neu streichen und ein paar Möbel umstellen. Außerdem schwebte mir eine neue Tapete vor. Ich freute mich auf einen Neubeginn. Es war März und auf den Hügeln lag noch eine ganze Menge Schnee, aber es waren schon die ersten Schneerosen zu sehen.

Wir fuhren zum Baumarkt ins nahegelegene Einkaufszentrum. Ich hatte einen helleren Terracotta-Ton gewählt. Ich mag Küchen mit mediterranem Flair. Das erinnert mich an die Küche meiner Mutter in meiner Heimatstadt. Ervin packte mit an. Ich sah ihm zu, wie er die Kübel mit der Farbe ins Auto hievte.

»Wann willst du es denn nun den Jungs sagen, Renata?« Er sah mich unvermittelt an und holte mich in unsere umbarmherzige Wirklichkeit zurück.

Er hatte Recht. Wir hatten das schwierige Gespräch immer wieder hinausgeschoben, um die Jungs bei den wichtigen Matches nicht abzulenken. Aber nun konnten wir nicht mehr viel länger warten. Ich würde schließlich auch bald mit Stephen reden.

»An diesem Wochenende, nach den Spielen, denke ich. Was sagst du?«

»Hm. Ja, das wäre wohl gut.«

Ervin nickte und zog mich an der Hand. Ich starrte auf den Asphalt. Wir wussten beide, was das bedeuten würde. Das kommende Spielwochenende würde gleichzeitig das letzte sein, das die Mannschaft ZV McDonald's Wiener Neustadt unter meiner Führung spielen würde. Während der Autofahrt redeten wir nicht mehr darüber, sondern besprachen die Umgestaltung meiner neuen Wohnung.

Am Freitag vor dem Spiel nahm ich mir den ganzen Tag frei, um mit Ervin gemeinsam die Küche auszumalen. Wir begannen damit, alles fein säuberlich mit Folie abzukleben. Ich hatte gleich loslegen wollen, aber Ervin erklärte mir wie wichtig diese Vorbereitung sei und dass es am Schluss dann viel weniger zu putzen geben werde.

»Eye, eye, Sir!« Ich hielt mir den Pinsel an die Schläfe und stand wie ein Soldat stramm vor ihm.

»Du bist immer so temperamentvoll und willst alles gleich und sofort.« Ervin lachte und nahm mich liebevoll in die Arme. »Genau das liebe ich an dir.«

»Dass ich nicht lache. Ich bin auch sehr geduldig und kann langweilige Aufgaben wie Abkleben erledigen.« Ich grinste und befreite mich aus seinem Griff.

»Na warte, dir werd ich's zeigen!« Er rannte mir spielerisch hinterher und versuchte, mich zu fangen. Doch ich sprang so geschickt zur Seite, dass er über die breite Lehne aufs Sofa fiel. Wir lachten und ich warf mich neben ihn.

Irgendwo im Hintergrund summte Ervins Mobiltelefon. Wir ließen es läuten und balgten uns zum Spaß weiter. Als Ervin kurz darauf auf das Display sah, bemerkte er, dass er einen Anruf seiner Mutter verpasst hatte.

»Na komm, ruf sie schnell zurück«, sagte ich, noch immer etwas atemlos.

Ervin drückte die Wahlwiederholungstaste, während ich mich wieder auf die Klebearbeiten konzentrierte.

»Mama, was gibst?«

Er sah mir beim Arbeiten zu und lächelte. Dann erstarrte sein Lächeln, er zog die Augenbrauen zusammen und drehte sich weg. Das Telefon am Ohr lehnte er sich aus dem Fenster, lauschte sichtlich gespannt und schweigend dem, was seine Mutter zu sagen hatte. Ich warf immer wieder einen Blick aus den Augenwinkeln auf ihn, während ich die Steckdosen mit Tesakrepp bearbeitete.

»Wer hat das gesagt?« Ervin klang aufgebracht.

Ich hielt in der Bewegung inne und sah ihn fragend an, doch er blickte weiterhin konzentriert aus dem Fenster.

»Das glaub ich jetzt alles nicht.« Ervin schnaubte. Dann legte er auf.

»Was ist los?«, fragte ich leise.

»Ich muss sofort los. Meine Mutter holt mich gleich ab. Wir müssen zum Jugendamt.« Ervin war kreidebleich.

»Wie? Was meinst du?«

»Er hat es gemeldet!«

Ich wusste sofort, wer mit »er« gemeint war. Ich zitterte.

»Okay, ganz ruhig. Eins nach dem anderen. Was hat deine Mutter noch gesagt?« Ich versuchte, ruhig zu wirken. Innerlich krampfte sich alles zusammen. Ich hatte es geahnt. Mein Bauchgefühl hatte sich einmal mehr als richtig erwiesen.

»Nichts. Nur dass wir vorgeladen sind und sie und ich sofort da hinmüssen. Was soll ich denen sagen, Renata?« Ervins Stimme zitterte. »Was werden die mit dir machen?«

»Sag einfach die Wahrheit, mein Schatz.« Ich war erstaunlich gefasst und nahm seine Hand. »Sag einfach die Wahrheit. Sonst nichts. Erzähl die Geschichte genau so, wie sie war.«

»Ja, aber was, wenn sie …?« Ervin sah mich eindringlich an.

»Es ist ganz egal, was passiert. Wichtig ist nur, dass du die Wahrheit sagst.«

»Du wirst deinen Job verlieren.« Ervin klang verzweifelt.

»Ich liebe dich, Ervin«, sagte ich. »Das ist alles, was zählt. Unsere Liebe ist stärker als alles andere!«

Er zog mich mit einem verzweifelten Gesichtsausdruck in seine Arme und küsste mich. Ich schloss die Augen und sah wieder die Schlagzeilen vor mir. Ich hatte es gewusst. Gewusst, dass alles irgendwann herauskommen würde. In meiner Vorstellung hatte ich mir schon tausendmal ausgemalt, wie hässlich diese Entdeckung werden würde. Die Medien würden unerbittlich sein. Sensationsgeil. Unsere Geschichte war ein gefundenes Fressen für den Boulevard. Ich würde als Kinderschänderin an den Pranger gestellt werden. Als ich mich von Ervins zitternden Lippen löste, wurde mir bewusst, dass meine schlimmsten Albträume nun wahr werden würden.

In Gedanken war ich die ganze Zeit über bei Ervin. Etwa eine Stunde nachdem er fluchtartig und unter Schock den Raum verlassen hatte, trat er schon wieder durch die Tür. Ich hatte die Wände in der Zwischenzeit terracottafarben gestrichen.

»Wie war es?«, rief ich.

»Puh! Geht so«, sagte er. Er wirkte erschöpft. »Es lief eigentlich alles ganz unspektakulär ab, weißt du. Ein ganz kleines Zimmer war das im zweiten Stock des Rathauses. So ungefähr zwischen zehn und maximal zwanzig Quadratmeter groß.« Er deutete großflächig über den Küchenboden. »Ich musste mich mit Mama an den Schreibtisch setzen. Vis à vis von mir saßen zwei Frauen jeweils hinter einem Computer, daneben stand so eine mickrige Yuccapalme.«

Ich hörte ihm gespannt zu. Ervin verstand es, Geschichten zu erzählen. Ich hatte seine Eloquenz beim Reden schon immer bewundert.

»Die Pflanze war schon halb verwelkt. Kein Wunder, bei der Stimmung in dem Raum.« Er rollte mit seinen Augäpfeln.

»Wer waren diese Frauen?«

»Die eine war wohl eine Beamtin. Ich schätze, sie war so um die fünfzig Jahre alt. Die andere war etwa dreißig, schätze ich. Die Jüngere war eine Psychologin.«

Ich sah Ervin zu, wie er beim Reden wild gestikulierte. Normalerweise war er durch nichts aus der Ruhe zu bringen, doch nun war er sehr aufgeregt und erbost.

»Und stell dir vor, gleich die erste Frage war, ob das, was mein Stiefvater gemeldet hat, stimmt.« Er sah mich aufgebracht an. »So ganz direkt. Dass ich angeblich mit meiner Handballtrainerin zusammen bin und auch schon mit ihr Sex gehabt habe.«

»Und wie hast du darauf reagiert?«

»Ich hab die Wahrheit gesagt, wie du mir geraten hast. Ich sagte, dass es stimmt.« Er sah mich mit trotziger Miene an. »Ich habe ganz ruhig gesagt, dass wir zusammen sind und dass wir Sex gehabt haben. Dann hat die Frau noch gefragt, ob Zwang oder Gewalt im Spiel waren. Da hab ich natürlich verneint.« Ervin sah abwesend und nachdenklich aus. Er zögerte kurz. »Da hab ich deutlich gespürt, dass sie mir in dem Moment nicht richtig geglaubt haben.«

Ich sah vor mir, wie sie ihn behandelten wie jeden anderen x-beliebigen Dreizehn- oder Vierzehnjährigen. Wie ein Kind. Dabei war Ervin viel erwachsener, viel reifer.

Ich musterte ihn eindringlich und versuchte dabei, ihn mit objektiven Augen zu betrachten. Mit seinen 1,80 Metern und dem trainierten Körper wirkte er männlicher als die anderen Jungs in seinem Jahrgang. Aber das allein war es nicht. Es war die Art, wie Ervin sprach, dachte und sich bewegte, die ihn erwachsen erscheinen ließ. Er war sensibel und ungewöhnlich aufmerksam. Jeder, der mit ihm sprach, musste bemerken, wie weise er für sein Alter war.

»Dann kam das Unvermeidliche. Sie haben mich gefragt, ob ich es nicht komisch finde, mich in eine vierzigjährige Frau zu verlieben und ob ich nicht vielleicht doch eher auf Mädchen in meinem Alter stehe.« Ervin schüttelte sich. Er verdrehte den Kopf bis in den Nacken, als er diese Worte aussprach. Dann nahm er meine Hand. »Ich habe ihnen klipp und klar erklärt, dass unsere Liebe nichts mit unserem Alter zu tun hat. Dass dein Alter mir völlig egal ist, und ich mich genauso in dich verliebt hätte, wenn du vierzehn Jahre alt wärst.« Er drückte meine Hand fester. »Aber Renata, dann wollten sie wissen, ob wir uns darüber im Klaren waren, dass es strafbar ist, wenn wir Geschlechtsverkehr haben, bevor ich vierzehn geworden bin.« Ervin sah mich an. »Nein, das wussten wir nicht, habe ich gesagt.«

Ich seufzte und dachte seinen Gedanken weiter: Sonst hätten wir das auch niemals getan. Unsere Liebe war bei Weitem stark genug, dass sie alles erwarten, aushalten und überstehen konnte. Wir hatten es schlichtweg nicht gewusst, nicht bedacht. Wir hatten nie damit gerechnet, dass wahre Liebe strafbar sein könnte. Ich streichelte ihm über den Hinterkopf.

»Was hat denn deine Mutter zu all dem gesagt?«

»Na ja, als sie Mama gefragt haben, warum sie das mit uns erlaubt hat, hat sie gemeint, dass sie nichts dagegen tun kann und will, wenn ihr Sohn sich verliebt.« Er füllte in der Spüle ein Glas mit Wasser und hielt es fragend in meine Richtung. Ich schüttelte den Kopf. Er nahm einen großen Schluck. »Dass sie mich nicht rund um die Uhr einsperren und beobachten kann. Sie hat gesagt, dass sie es vorzieht, offen mit mir zu reden und so eine gewisse Kontrolle zu behalten.« Ervin nahm meine Hand. »Am Schluss hat sie noch gesagt, dass sie die Anzeige von Stefan dumm findet.«

Ich nickte.

»Und dann diese Psychologin!« Ervin grinste. »Die hat mit mir wie mit einem Fünfjährigen gesprochen. In welche Schule gehst du denn? Seit wann spielst du denn Handball? Wie sind denn deine Noten? Und hast du viele Freunde?« Er äffte die schrille Stimme der Frau nach. »Ich hab ihr versichert, dass ich genügend Freunde habe, gut in der Schule und sehr zufrieden bin.«

»Das klingt ja nervig.« Ich lächelte kopfschüttelnd.

»Die hat mich echt fertiggemacht!« Ervin schnaufte. »Ganz am Ende hat sie mir dann noch so eine Karte in die Hand gedrückt und von irgendeiner kirchlichen Einrichtung in Neunkirchen gefaselt. Sie hat gemeint, dort kann ich jederzeit anrufen, wenn ich jemanden zum Reden brauche.« Er tippte sich mit dem Zeigefinger gegen die Stirn. »Ich hab die Karte zwar genommen, weil ich höflich sein wollte, aber draußen gleich weggeschmissen.« Ervin seufzte noch einmal tief. »Renata, sie haben einfach nicht lockergelassen. Sie haben gefragt, ob ich mir vorstellen kann, keinen Kontakt mehr zu dir zu haben, bis das Ganze vorbei ist. Da hab ich gesagt, dass ich dich beim Training ohnehin sehen würde.« Er schlug sich mit der Hand vor den Kopf, dass es klatschte. »Das ist doch völlig hirnverbrannt. Wie komisch würde das denn aussehen, wenn wir den Kontakt abbrechen und du dich aus dem Staub machen würdest?«

In meinem Magen grummelte es.

»Dann sehe ich aus wie ein Flittchen, das ein paar Mal mit dir geschlafen hat und sich verkrümelt, sobald es Schwierigkeiten gibt.« Ich schüttelte mich. »In vier Monaten wirst du das vierzehnte Lebensjahr vollenden, Ervin. Danach können sie uns nichts mehr antun.«

Er neigte sich zu mir.

»Habt ihr irgendetwas ausfüllen müssen?«, fragte ich leise.

»Nein, wir mussten nur unterschreiben, dass alles, was wir gesagt haben, der Wahrheit entspricht. Bevor wir gegangen sind, haben sie noch gesagt, dass es Konsequenzen geben wird.«

»Wie? Was heißt das genau?« Ich kniff die Augen zusammen, als könnte ich dadurch besser hören.

»Na ja, sie haben gemeint, sie würden den Fall an die Polizei weiterleiten und die würden sich dann um alles Weitere kümmern.« Er zog die Schultern hoch und atmete tief ein. »Ich hab gefragt, was jetzt passieren wird. Aber sie haben nur gesagt, dass eben genau das die Polizei oder die Staatsanwaltschaft entscheiden wird.«

»Hm.«

Ich blickte zu Boden und dachte an Stefan, der die Sache ins Rollen gebracht hatte. Warum tut ein Mensch so etwas? Ich erinnerte mich an das Gefühl, das ich gehabt hatte, als ich Ervins Stiefvater zum ersten Mal begegnet war. Wir hatten von Anfang an keinen Draht zueinander gefunden.

»Hast du Angst, Renata?« Ervin nahm nun meine Hände in seine.

»Nein, mein Schatz«, sagte ich. »Wir werden alles, was jetzt kommt, gemeinsam bewältigen. Wir schaffen das schon!«

Ich sah Ervin an, dass er ernsthaft besorgt war. In seinem Gesicht konnte ich mittlerweile lesen wie in einem offenen Buch.

»Sie werden dich anzeigen, Renata. Die Zeitungen werden voll sein mit unserer Geschichte und du wirst deinen Job verlieren!« Er blickte mich traurig an. »Vielleicht musst du ins Gefängnis.«

Wir hatten uns wohl beide gefürchtet, dieses Wort auszusprechen. Nun stand es im Raum.

»Ich will dich beschützen«, sagte Ervin.

Ich gab ihm einen Kuss. Dieser Satz machte alles andere erträglicher.

Ervin wollte für mich da sein. So sollte es sein, fand ich, ein Mann sollte seine Frau beschützen wollen. Ich wusste, dass Ervin genau darunter leiden würde: Mir nicht helfen zu können. Es würde ihm seine Machtlosigkeit vor Augen führen und seine Schuldgefühle übergroß werden lassen. Er fühlte sich für die

Situation verantwortlich. Das wiederum brachte mich an den Rand der Verzweiflung.

Wir umarmten einander. Noch nie hatte ich mich so sicher gefühlt wie in seinen Armen. Ich wusste, wir würden allen Widrigkeiten zum Trotz eines Tages wie ein ganz normales Liebespaar leben können.

13

Als mich Ervin hinunter zu meinem Auto begleitete, liefen wir Judith direkt in die Arme.

»Hallo Judith.« Ich streckte ihr meine Hand entgegen.

Sie griff danach. Ihre Finger fühlten sich klamm an.

»Ich habe Stefan noch einmal angerufen«, sagte sie zu Ervin. Sie sah ziemlich verstört aus.

»Und? Was hat er noch zu sagen?« Ervin musterte seine Mutter scharf. Dann zögerte er nicht länger. »Für mich ist Stefan gestorben!«

»Er sagte, er habe sich nur erkundigen wollen. Deshalb hat er beim Jugendamt angerufen und alles wäre dann eher zufällig herausgekommen.« Sie sah nun auch mich an. Ihre Augen flackerten nervös.

»Ich glaube ihm kein Wort, Mama. Wenn man sich nur erkundigen will, dann fragt man unverbindlich und nennt sicher keine konkreten Namen.« Ervin klang gereizt.

»Ich weiß. Aber vielleicht hat er es nur gut gemeint.« Judith sah zu Boden. »Das ist alles so schrecklich.«

Ich lächelte ihr zu und wir gaben uns zum Abschied wieder die Hand. Dann ging ich mit Ervin zu meinem Auto.

»Weißt du, was mich am meisten stört?« Ervin sah mich an, als ich in den Wagen stieg. »Stefan hat kein einziges Wort zu mir oder zu Mama gesagt. Er hat nie angedeutet, dass er etwas dagegen hat, dass wir zwei jetzt ein Paar sind. Wenn er offen und ehrlich gewesen wäre, dann hätten wir gewusst, woran wir sind. Es wäre ja auch sein gutes Recht gewesen, mir seine Meinung zu sagen. Aber so?« Ervin stand die Enttäuschung ins Gesicht geschrieben.

»Hat er sich gar nicht mehr bei dir gemeldet, nachdem wir uns letztes Wochenende mit ihm getroffen haben?«, fragte ich.

»Hm ...« Ervin wirkte nachdenklich. »Doch, ja, einmal hat er mich angerufen. Ich weiß eigentlich gar nicht mehr genau warum. Jetzt fällt es mir wieder ein. Ganz zum Schluss des Gesprächs hat er mich beiläufig gefragt, wie alt du bist.«

»Was hat er dann noch gesagt, als er es wusste?« Ich zog hörbar die Luft durch die Nase ein.

»Er sagte, dass er sich so einen großen Altersunterschied für sich nicht vorstellen könne. Das klang aber eher freundschaftlich. Er meinte, dass er beim Ausgehen mit einem um so viel jüngeren Menschen das Tempo nicht halten könne.« Ervin rümpfte die Nase.

Ich wurde ärgerlich. Liebe war doch keine Frage des Tempos. Abgesehen davon war ich weitaus lebhafter als die meisten jüngeren Menschen, die ich kannte. Ervin war auch nicht der Typ, der ständig ausging. Er trank keinen Alkohol und hing nicht in Diskotheken herum. Die Erklärung dafür war denkbar einfach: Er war Sportler wie ich. Außerdem machte er sich nichts aus dem Krach, der in irgendwelchen Diskotheken fabriziert wurde.

Ervin sah mich an.

»Er klang am Telefon irgendwie traurig oder ...« Ervin suchte nach dem richtigen Wort. »... eifersüchtig.«

»Ich finde ihn einfach ein wenig unfair«, sagte ich. Aber ich dachte darüber nach, dass Stefan vielleicht Angst davor hatte, seinen Sohn an mich zu verlieren.

Ervin gab mir einen langen, zärtlichen Kuss. Dann ließ ich den Motor an und brach zu meiner nächsten Nachhilfestunde auf. Die Nachhilfe würde wohl zukünftig mein einziger Job sein.

Die Spiele gegen Krems und Hollabrunn standen unmittelbar bevor. Ervin und ich hatten beschlossen, es der Mannschaft nach den Matches zu sagen. Noch bevor die Zeitungen von unserer Geschichte berichten würden. Wir wollten die Jungs aber nicht vor den Spielen verunsichern, zumal auch jüngere mit dabei waren. Ich verspürte eine Mischung aus Angst und Sehnsucht nach Erleichterung. Wie vor einer schweren Prüfung.

Beim ersten Match am Freitag gegen Hollabrunn überschätzten sich die Jungs wieder. Es war eine Situation wie einst gegen Bad Vöslau, als sie zu siegessicher aufs Feld gegangen waren. Bei so einer Überheblichkeit ist die Niederlage vorprogrammiert. Solche Momente führten mir vor Augen, dass meinen Spielern trotz ihrer enormen Fortschritte einfach die nötige Erfahrung fehlte. In diese Überlegungen traf mich ein Gedanke mitten ins Herz: Meine Spieler würden bald nicht mehr meine Spieler sein.

Wir verloren das Match mit neun Toren Differenz. Ich gestand es mir nicht gerne ein, aber vielleicht war an dieser Niederlage mitschuld, dass ich nicht ganz bei der Sache war. Das Match am nächsten Tag gegen Krems verloren wir ebenfalls. Über diese Niederlage ärgerte ich mich aber kaum. Immerhin spielte die Kremser Mannschaft in den oberen Play-offs. Das bedeutete, dass die Kremser Spieler zwar technisch nicht einmal so gut, uns aber körperlich stark überlegen waren.

Nach dem Spiel liefen die Jungs mit hängenden Köpfen in die Garderoben. Ervin blickte mich eindringlich an, als er als Letzter das Spielfeld verließ. Er wusste, dass der Moment der Wahrheit gekommen war. Ich zwinkerte ihm zu und hielt, ohne dass es die anderen Jungs sehen konnten, den Daumen hoch.

Ich lief mit knappen, schnellen Schritten zum Umkleidebereich. Wie oft war ich diesen Weg schon entlanggegangen und hatte mir dabei Strategien für Pässe und Moves überlegt. Wie viele Spielzüge hatte ich hier durchgedacht, Pläne geschmiedet und überlegt, wie ich die Jungs noch besser motivieren konnte. Jetzt sehnte ich mich selbst nach einem Coach, der mich durch das kommende Match führen würde. Aber ich war auf mich allein gestellt.

Vor der Garderobentür atmete ich tief durch und zwang mich, die Schultern weit nach hinten zurückzuziehen. Ich drückte die Klinke. Das Metall war eiskalt.

»Jungs, hört mal zu«, begann ich. »Ich möchte mit euch reden, aber nur mit den älteren Spielern. Die Kleinen können schon gehen.« Ich wollte nicht, dass die Jungs Jahrgang Neunundneunzig und Zweitausend mit dieser Geschichte belastet wurden. Sie waren noch Kinder und einfach zu klein, um unsere Gefühle in vollem Ausmaß zu verstehen.

Als die Kleinen endlich ihre Siebensachen zusammengepackt und die Umkleidekabine verlassen hatten, blickte ich in die versammelte Runde und räusperte mich.

»Ich habe etwas auf dem Herzen, das ich euch sagen möchte.«

Zum ersten Mal war es für mich schwierig, vor diesen Jungs gerade dazustehen. Würden sie mich gleich verurteilen? Ich trug doch die Verantwortung für die Mannschaft. Ich würde sie im Stich lassen müssen. Ich hatte aus ihnen gemacht, was sie waren, und nun musste ich sie verlassen. Doch es fühlte sich nicht an, als hätte ich mich aus freiem Willen dazu entschlossen, geschweige denn eine Wahl gehabt.

Ich ließ meinen Blick über die Jungs schweifen. Lukas, Patsi, Marco, Patrick, Olli, Matthias und zuletzt Ervin. Von ihrer Bank aus sahen sie zu mir auf. Sie vertrauten mir, ihrer Trainerin.

»Es ist so ... also ... Es handelt sich um eine ziemlich ernste Sache ...« Meine Stimme zitterte leicht. Ich zog instinktiv die

Schultern zusammen und spannte den Bauch an, um mehr Halt zu haben, so wie vor einer schwierigen Turnübung.

»Ervin und ich, wir sind seit Kurzem zusammen. Wir sind ein Paar.«

Ervin blickte seine Freunde an.

Sie sahen zuerst mich und dann ihn an. Marco schmunzelte als Erster, Olli kicherte leise und hielt sich die Hand vor den Mund.

»Cool! Super ... Wow!« Marco war wie immer der Erste, der imstande war, etwas zu sagen.

»Ist doch toll für euch«, sagte dann Olli und wurde rot.

Ich lächelte meine Jungs an. Ihre Reaktion war so liebevoll.

»Danke Jungs. Das ist lieb von euch. Aber da ist leider noch etwas. Die Sache hat einen Haken. Ervins Stiefvater war beim Jugendamt und hat dort gemeldet, was passiert ist. Das heißt für mich, dass ich meinen Job als eure Trainerin verlieren werde.«

Marco sprang auf.

»Was?«

Allgemeiner Tumult. Die Nachricht schockierte sie weitaus mehr als die Tatsache, dass Ervin und ich einander liebten.

»Hey, hey, ruhig. Wenn der Verein das mitbekommt, haben sie die Pflicht, mir zu kündigen. Das ist ganz normal«, erklärte ich. »Ich möchte, dass ihr mit euren Eltern redet und dass ihr selbst auch über alles nachdenkt. Bis ich gekündigt werde, geht unser Training noch normal weiter. Wenn ihr aber aus persönlichen Gründen nicht mehr bei mir trainieren wollt, dann verstehe ich das.« Die Worte fielen mir schwer. »Ich werde auch nicht wütend sein. Ich bitte euch nur, es mir ehrlich zu sagen.« Ich blickte ernst in die Runde. »Ervin und ich werden euch jetzt für etwa fünfzehn oder zwanzig Minuten allein lassen, damit ihr eine Entscheidung treffen könnt.«

Ervin stand auf. Wir verließen beide den Raum. Vor der Tür merkte ich, wie meine Knie weich wurden. Ich ließ mich gegen Ervin fallen.

»Super gemacht, Renata«, sagte er.

Ich spürte seine starken Arme an meinem Rücken. Wir blieben so stehen, bis die Garderobentür nach weiteren fünf Minuten aufging und Olli den Kopf rausstreckte. Er grinste.

»Könnt wieder reinkommen«, sagte er.

Diesmal standen alle Jungs im Halbkreis.

»Uns interessiert überhaupt nicht, was die Leute sagen oder denken«, sagte Marco. »Wir freuen uns von Herzen für euch. Und wir kommen natürlich alle zum Training. Und wenn du gehen musst, Renata, dann gehen wir auch!« Seine Stimme klang feierlich. »Wenn sie dich feuern wollen, sagen wir einfach, dass wir ohne dich nicht weitertrainieren. Wir akzeptieren keinen neuen Trainer.« Marco hob die Faust gen Himmel.

Ich war gerührt. Das waren die Jungs, die ich in den vergangenen Monaten kennen und schätzen gelernt hatte. Sie waren sogar bereit, mich mit einer Aktion zu retten.

»Ich danke euch sehr«, sagte ich. Meine Stimme zitterte ein wenig.

Denn ich wusste: Sie würden gar nichts für mich tun können. Und es würde einen neuen Trainer geben. Sie sollten weiter spielen. Das war auch mein Wunsch. Aber ich wollte ihre Hoffnung in diesem Moment nicht völlig zerstören.

»Okay, dann also bis Montag um fünf beim Training«, sagte ich und hielt den Daumen hoch.

Ich verließ die Garderobe allein. Vor der Tür hielt ich noch einen Moment inne, um mich zu sammeln. Kaum hatte ich die Klinke hinter mir zugedrückt, ging drinnen ein laut hörbarer Tumult los.

»Wow! Seit wann geht denn das schon mit dir und Renata?«, fragte Patsi.

»Na ja, also zusammen sind wir schon seit Dezember und im Februar ist das erste Mal so richtig etwas passiert.« Ervin zierte sich ein wenig.

»Das haben wir uns eh schon alle gedacht«, sagte Patsi.

»Wieso?« Ervin war erstaunt.

»Keine Ahnung. Irgendwie war da zwischen euch immer so eine spezielle Energie oder so …«, sagte Olli.

»Du bist echt der volle Glückspilz!«

Ich hörte Lukas Worte noch, machte mich aber eilig auf zum Auto. Das war das Besondere an meiner Mannschaft. Sie liebten und respektierten mich, so wie ich umgekehrt sie schätzte und mochte. Sie freuten sich von Herzen mit Ervin und mir.

14

Ich sah erst aus dem Fenster und dann auf den Kalender. Draußen lag kein Schnee mehr. Obwohl das Grün der Bäume noch nicht ansatzweise auszumachen war, fühlte ich den nahenden Frühling. Das Licht war anders und das vernehmbare Zwitschern der Vögel und die allgemeine Stimmung des Erwachens machten mich fröhlich. Am 17. März feiert man in Irland St. Patrick's Day, benannt nach dem im Jahre 493 verstorbenen irischen Nationalheiligen Patrick, der als erster christlicher Missionar in Irland gilt. Wegen meiner Vorliebe für Irland wollte ich den Tag ein bisschen feiern. Ich entschied mich für einen Trainingsanzug im typisch irischen Grün und packte meinen Rucksack. Ich freute mich auf unser Training.

Wie immer erwarteten mich die Jungs am Platz. Sie spielten einander paarweise Pässe zu, wie ich es ihnen beigebracht hatte. Olli war der Erste, der mich kommen sah.

»Hallo Renata!«

Ich machte unser Zeichen und Ervin lächelte mich an. Es war alles wie immer, nur schöner.

»Ich möchte heute Sprungwürfe üben …«, sagte ich. »Jeder von euch springt einmal, und die anderen analysieren anschließend den Sprung, alles klar?«

Ich zückte meine Videokamera, die ich extra für diese Übung eingesteckt hatte. Die Jungs stellten sich vor dem Tor auf und Patsi rannte als Erster los. Ich fokussierte mit der Kamera seinen kleinen Körper und filmte den Wurf.

»Super, und der Nächste, bewegt euch!«, rief ich.

Marco trabte los und ich ließ das Gerät weiterlaufen. Ich ließ die Jungs drei Durchgänge machen. Danach forderte ich sie auf, Bälle aus dem Stand zu werfen – Schlagwurf. Wieder versuchte ich, so gut wie möglich mitzufilmen.

»Renata?«

Ich erschrak leicht, als ich eine Hand auf meiner Schulter spürte. Ich hatte Stephen Gibson nicht kommen gehört.

»Verzeih mir, aber ich muss mit dir reden.«

»Okay«, sagte ich knapp. Ich wusste, warum er zu mir gekommen war.

»Macht einfach weiter mit den Würfen«, rief ich ins Feld. »Olli, du übernimmst wieder das Training, ja?« Ich nickte ihm zu.

»Klar, Renata, gerne«, rief Olli.

Ich sah, wie alle Jungs zu uns herüberblickten. Auch sie wussten, warum Stephen hier war. Ich hielt den Daumen hoch und deutete, normal mit dem Training fortzufahren.

»Hallo Stephen«, sagte ich und bot ihm den Platz neben mir auf der Bank an. Stephen war Sektionsleiter, Vorstandsmitglied und Clubtrainer. Ich wusste, dass dieses Gespräch auch für ihn nicht angenehm war.

»Weißt du, Renata, ich und der Vorstand, also, wir alle haben uns entschieden, dass du zukünftig hier nicht mehr Trainerin sein kannst.« Er schluckte. »Es ist auch wegen Ervins Großmutter. Sie ruft ständig beim Präsident an. Die beiden kennen einander auch privat. Die Lage ist einfach prekär. Ich bin sicher, dass du das auch verstehst, oder liege ich da falsch?« Er sah die ganze Zeit über den Jungs beim Spielen zu.

»Nein, liegst du nicht. Das ist mir schon klar, Stephen«, antwortete ich.

Bei der Großmutter, von der die Rede war, musste es sich um die Mutter von Stefan handeln. Sie hatte sicher durch ihren

Sohn Wind von der Sache bekommen. Ich sah Stephen direkt ins Gesicht, aber er richtete seine Augen weiter konzentriert auf das Feld.

»Keine Angst, Stephen. Ich wollte auch schon länger mit dir reden. Du erinnerst dich bestimmt daran, dass ich dich schon vor Längerem angerufen habe. Nur haben wir es irgendwie nie geschafft, uns zu treffen. Was brauchst du jetzt noch von mir?«

»Die Spielerpässe«, sagte er.

»Du kriegst sie morgen«, erwiderte ich trocken.

»Danke, Renata.«

Stephen stand auf, gab mir die Hand und sah mich dabei kurz an. Ich verstand ihn. Er handelte professionell und ordnungsgemäß. Er tat nur, was er tun musste. Wir hatten in der Vergangenheit immer sehr gut und harmonisch zusammengearbeitet. Nun wollten wir beide das Gespräch so kurz und knapp wie möglich halten.

»Und alles Gute für dich.«

Ich nickte ihm stumm zu.

Als Stephen die Halle verlassen hatte, kamen die Jungs aufgeregt auf mich zugestürmt.

»Was wollte der?«, fragte Patrick

»Was war los«, schrie Marco.

»Alles gut, Jungs!«, rief ich. »Wir machen hier weiter mit dem Training.«

Wir analysierten die Videos und verloren kein Wort mehr über Stephen Gibson.

Als ich am nächsten Tag, einem Donnerstag, das Training beendete, hatte ich die Spielerpässe in meinem Rucksack. Ich sah Stephen pünktlich um achtzehn Uhr in die Halle kommen. Er wollte die Pässe und auch meine Mannschaft ganz offiziell übernehmen. Es war das letzte Mal, dass ich meinen Jungs als ihre

Trainerin gegenüberstand. Ich gab Stephen die Pässe und drehte mich rasch um. Kurz und schmerzlos, dachte ich. Dann ging ich statt in die Garderobe direkt auf den Parkplatz. Vor der Halle hatten sich einige Eltern versammelt. Die Mutter von Benni kam auf mich zu.

»Renata.« Sie umarmte mich. »Wie geht es dir? Ach, Renata, wir wünschen dir alles Gute.«

Ich war gerührt. Sie sagte, wie sehr Benni das Training mit mir geliebt hatte. Ich sagte, wie sehr ich es geliebt hatte, den Jungs die Freude am Sport zu vermitteln.

Da sah ich, wie Ervin mir von Weitem aufgeregt zuwinkte. Ich entschuldigte mich bei Bennis Mutter und lief zu ihm.

»Alles okay?«

»Dieser Stephen«, sprudelte es aus ihm heraus. »Wir haben versucht, ihn zu überreden dich nicht zu kündigen.« Ervin war ganz außer Atem.

»Wie meinst du das?« Ich war erstaunt. Von diesem Plan hatte ich nichts gewusst.

»Na ja, nachdem du ihm die Pässe gegeben hast, haben wir ihn gleich in die Garderobe gelockt und ihm gesagt, wir müssten kurz mit ihm reden.« Ervins Stimme überschlug sich fast. »Also, das hat Marco gesagt.«

»Und dann?« Ich lächelte.

»Na ja, dann hab ich ihm gesagt, dass wir unseren Erfolg nur dir zu verdanken haben. Und dass er das alles nur macht, um die Mannschaft zu bekommen, und dass ich da nicht mitspielen werde. Ich hab ihm viel Spaß beim Match am Samstag gegen Horn gewünscht.«

Meine Miene verdüsterte sich. Ich blickte Ervin fragend an.

»Dann bin ich rausgegangen und kaum war ich draußen, kamen die anderen nach.« Ervin strahlte mich an. »Wir haben alle solidarisch die Garderobe verlassen und ihn allein zurückgelassen.«

Ich gab Ervin einen Kuss. Er versuchte, mich zu beschützen. Er war mein Held. Die anderen Jungs trotteten über den Parkplatz in unsere Richtung.

»Kommt her, Jungs! Zeit für Mäcki!«, rief ich ihnen zu.

Alle waren dankbar über den Vorschlag. Bei Pommes und Cola erzählten sie mir, wie einer nach dem anderen die Garderobe verlassen hatte und der verdutzte Stephen zurückgeblieben war.

»Ich hab gesagt, dass ich es Scheiße finde, was er mit Renata gemacht hat, und dass ich auch nicht mehr spielen will«, grölte Marco. »Dann bin ich raus.«

»Als Nächster sagte ich, dass ich auch nicht mehr spiele«, sagte Patsi.

»Wir sind alle weggelaufen. Das war wirklich super«, sagte Benni. »Wir sind doch deine Mannschaft!«

Mit diesem Tag wurde die U13-Mannschaft ZV McDonald's Wiener Neustadt zerschlagen. Die Jungs hielten ihr Versprechen. Sie spielten nicht mit einem neuen Trainer. Das hatte ich so nicht gewollt.

Als ich am nächsten Morgen aufwachte, war ich keine Trainerin mehr. Dabei ging es mir nicht so sehr um den Job. Es ging mir um die Jungs, um die Mannschaft. Was wir gehabt hatten, findet man nur selten im Leben. Aber ich wusste auch, dass ich all das nicht nur wegen einer Laune aufs Spiel gesetzt hatte. Ich liebte Ervin. Er würde mir die Kraft geben, das Kommende durchzustehen. Wenn ich ihn ansah, war für einen Moment lang die Welt in Ordnung.

Ich habe nie auch nur eine einzige Sekunde mit Ervin bereut. Bitter bereue ich nur, dass ich das Gesetz gebrochen habe. Weil ich es nicht kannte.

Ich bereitete mich auf eine harte Zeit vor. Meine Sportler-Disziplin half mir dabei. Ich zwang mich zu einem geregelten Tagesablauf. Ich strich die Wohnung in Wiener Neustadt fertig und richtete sie neu ein. Ich gab Englischstunden. Das Nächste, was Ervin und mir nun bevorstand, war seine Anhörung vor Gericht. Die Polizei hatte die Anzeige bereits aufgenommen und uns davon in Kenntnis gesetzt, dass ein Prozess drohte. Mein Anwalt hieß Peter und war ein fähiger Mann. Doch dieser Fall war auch für ihn eine Herausforderung.

Diesmal war es kein Traum. Ich starrte auf die Buchstaben vor mir.
»Sex-Krimi« stand da. Und darunter: »Trainerin (41) verführt Buben (13)«. Ich schlug die Hände vor die Augen, als könnte ich damit das Gelesene unsichtbar machen. Dann zwang ich mich, wieder hinzusehen. Mein Herz raste. Anstatt eine Zeile nach der anderen zu lesen, überflog ich gierig den Artikel. Ich schnappte nur einzelne Schlagworte auf.

»Hat ihren dreizehnjährigen Schützling Ervin verführt. ... Der Verein feuerte die einundvierzigjährige Frau sofort. ... Stolze siebenundzwanzig Jahre trennen Renata J. und Ervin U. ... Für die Ex-Trainerin der U13-Handballer Wiener Neustadt aber anscheinend kein Hindernis, sich dem Viertklässler zu nähern. ... Der Junge soll bei Auswärtsterminen stets im Zimmer seiner Trainerin geschlafen haben. ... Bei den Spielen sollen die beiden durch übermäßigen Körperkontakt aufgefallen sein. ... Verheiratete Frau und Mutter von zwei Mädchen (13 und 18). ... Das Oberhaupt der Familie des Jungen setzte sich mit dem Jugendamt in Verbindung und erstattete Strafanzeige. ... Was muss passieren, damit gehandelt wird?«

Mir wurde schwarz vor den Augen. Ich war wütend. Wir würden uns wehren. Niemand hatte das Recht, unsere Liebe so in den Schmutz zu ziehen. Mit zitternden Händen kramte ich mein Mobiltelefon aus meinem Rucksack und wählte Ervins Nummer.

Am Abend vor dem großen Tag machte ich Ervins Lieblingspizza mit viel Salami und Schinken. Normalerweise esse ich sehr viel Gemüse, aber bei Pizza mache ich eine Ausnahme. Immer wieder stibitzte sich Ervin ein Stückchen Salami vom Brett, während ich alles vorbereitete. Im Fernseher nebenan lief »Deutschland sucht den Superstar«.

»Schau dir mal diesen Typen an!«, rief Ervin amüsiert. »Und der will singen können – das ich nicht lache!«

Ein aufgetakelter Elvis-Verschnitt in engen silberfarbenen Glitzerschlaghosen stand auf einer mit bunten Discokugeln verzierten Bühne.

»Oh, oh! Den wird Dieter Bohlen wohl ziemlich schnell fertigmachen!«

Ich mag Dieter Bohlen. Er sagt immer, was er denkt. Das schätze ich. Sein Sarkasmus amüsiert mich jedes Mal aufs Neue. Mein Job als Trainerin war seinem gar nicht so unähnlich: Im Handball ist es genauso wichtig, einfach zu sagen, ob jemand Talent hat oder nicht. Welchen Sinn sollte es haben, wenn sich ein Mensch über Jahre hinweg mit dem Ball und dem Tor quält und dabei eigentlich besser Musik machen sollte?

»Was meinst du kommt jetzt?« Ervin küsste mich zärtlich in den Nacken. »Du weißt doch immer genau, was Dieter sagen wird.«

Ich lachte auf und stieß ihn liebevoll beiseite.

»Ich sage jetzt nur eines, gleich kommt hier eine Pizza aus dem Backofen!«

»Love me tender, love me do-hu-hu«, tönte es aus dem Fernseher.

Wir tranken Himbeersaft und sahen zu, wie Dieter Bohlen den Glitzer-Elvis aus Norddeutschland veriss. Er fragte ihn, ob er das Wort »tender« denn buchstabieren könne. Als der Junge zögernd verneinte, bohrte Bohlen gnadenlos weiter und ließ nicht locker, bis der zukunftslose Jungentertainer gestehen musste, dass er noch nicht einmal wusste, was das Wort überhaupt bedeutete.

»Tender, das ist doch so ein Steak«, meinte er.

Ervin und ich prusteten mit dem Saal um die Wette.

»Der ist so lustig.« Ervin hielt sich den Bauch vor Lachen.

»Gleich sagt Bohlen irgendwas wie, er soll lieber daheim den Kuhstall ausmisten als über Steaks zu singen, wetten?« Ich stupste Ervin in die Taille.

Er langte nach einem Stück meiner Pizza.

»Na, wenn das so ist, mein Kleiner, dann musst du versuchen, die Fleischeslust auch mal mit deiner Stimme zum Ausdruck zu bringen«, sagte Bohlen lachend. »Bei diesem Stück Fleisch, das Elvis da besingt, handelt es sich nämlich zufällig um eine Frau. Und Frauen brauchen vor allem eines: Zärtlichkeit. Kapiert? Das kannst du dir mal für deine Karriere als Casanova merken! Vielleicht hast du damit ja mehr Glück. Dein Gekrächze klingt nämlich zäh wie Schuhsohle!« Bohlen hatte wie immer Recht.

»Der muss raus«, beschloss Ervin.

»Abschuss!« Ich zielte mit einer Luftpistole auf den armen Elvis.

»Hey, hey, sachte, Renata!« Ervin nahm die Pistolenhand in seine, stand auf und zog mich ebenfalls hinauf.

»Darf ich bitten?« Er wirbelte mit mir durch die Küche.

»Das Lied war aber sehr schön«, flüsterte er mir ins Ohr, als wir erschöpft und lachend zurück auf das Sofa fielen.

Nachdem ich das Essen abgeräumt hatte, holte ich den Zettel, den mir mein Anwalt Peter am Tag zuvor mitgegeben hatte. Auf der Vorladung des Gerichtes stand, dass die Anhörung von Ervin auf einer DVD aufgezeichnet werden würde. Ich las das Papier und reichte es wortlos an Ervin weiter.

»Warst du schon einmal in einem Gerichtssaal?«, fragte er.

»Nein, noch nie.«

»Wie das wohl aussieht, da drinnen?«

»Lass uns schlafen, mein Schatz. Spekulationen führen ja doch zu nichts. Morgen wird sich das alles weisen. Bist du nervös?«

»Nein, wenn wir zusammen sind, bin ich nie nervös, das weißt du doch! Renata, bitte sei ganz beruhigt. Es kann uns absolut nichts passieren. Ich liebe dich.«

Wir umarmten einander, bevor er die Treppen hinunterlief.

15

Die Luft war warm und roch süßlich. Vereinzelt flogen weiße Pollen herum und der Fahrtwind trug manche ins Innere des Autos.

Ervin saß ruhig neben mir auf dem Beifahrersitz, als wir zu seiner gerichtlichen Anhörung fuhren. Seine Mutter saß am Rücksitz und starrte aus dem Fenster. Fröhliche Gesichter und bunte Häuserreihen zogen an uns vorbei. Es war ein sonniger Junitag. Der Himmel war wolkenlos. Peter, mein Anwalt, erwartete uns bereits vor dem unscheinbaren Gebäude. Wie oft war ich hier wohl schon vorbeigekommen, ohne zu ahnen, was sich im Inneren dieses Hauses täglich abspielte? Peter schüttelte uns allen der Reihe nach herzlich die Hand. Dann traten wir ein. Mein Anwalt ließ uns in einem langen Gang, der nach Putzmitteln roch, zurück. Er hatte uns ausführlich darüber aufgeklärt, was uns an diesem Tag erwarten würde. Ervins Aussage sollte heute für meinen Prozess im Herbst aufgezeichnet werden. Bei Opfern von Sexualdelikten ist das so üblich, denn sie sind selten bereit, ihren Peinigern bei Gericht zu begegnen. Bei einem Fall wie unserem wäre dies ein reiner Formalakt, hatte uns eine freundliche Beamtin bei unserem ersten Termin am Jugendamt erklärt.

Ervin und ich hielten uns an den Händen, als eine dünne blonde Frau in Zivilkleidung, die sich später als Richterin entpuppte, zügig an uns vorbeischritt.

»Schau, schau«, rief sie lachend. »Bei Ihnen wäre dieses Prozedere ja anscheinend unnötig. Es ist aber nun einmal Vorschrift. Also folgen Sie mir bitte!«

Wir betraten einen Raum, der kaum größer als ein Klassenzimmer war. Er war nüchtern und lieblos eingerichtet. Der Staatsanwalt, ein junger Mann von etwa dreißig Jahren, unterhielt sich lebhaft mit Peter, als wir eintraten. Der Mann hatte brünettes Haar, trug ein weißes Hemd und sah meinem Anwalt ein wenig ähnlich.

»Ervin, du kommst bitte mit uns«, sagte Peter. »Frau Juras, Sie können hierbleiben. Auf dem TV-Gerät können Sie das Geschehen verfolgen.«

Ich verstand kein Wort und sah Ervin hilflos und verzweifelt nach. Ich hatte Angst vor dem, was nun kommen würde. Angst davor, dass die Richterin unsere Situation nicht verstehen würde.

Zwei Techniker arbeiteten an einem Tongerät und anschließend an einem überdimensional großen Bildschirm.

Dann sah ich ihn. Riesengroß war er auf dem Schirm vor mir. Wie in einer miesen Krimiserie saß Ervin an einem Tisch wie ein Verbrecher zum Verhör. Ich konnte meine Tränen nicht länger zurückhalten. Es war erniedrigend, ihn so dasitzen zu sehen.

Doch dann sah ich Ervin lachen. Er schien sich im Gegensatz zu mir eher zu amüsieren. Rechts neben ihm stand ein Regal, auf dem ein dicker Plüschaffe und mehrere kleine Teddybären arrangiert waren. Auf dem Sessel neben ihm türmten sich bunte Bauklötze und Legosteine. Offensichtlich wurden hier regelmäßig Kleinkinder befragt. Ervin blickte sich um. So als ob er nicht recht fassen konnte, in welcher Situation er sich befand. Die Richterin saß ihm gegenüber.

»Darf ich du sagen?«, fragte sie. Ich sah Ervin nicken.

»So, du weißt, dass du hier nur die Wahrheit sagen darfst?« Ohne Talar wirkte die Frau wie ein ganz normaler Mensch, der aus Neugierde spontan eine Frage stellt. Was mich beeindruckte, war, dass sie Ervin nicht wie ein Kleinkind behandelte. Der

Staatsanwalt saß neben mir und hörte aufmerksam zu. Außer uns befand sich noch ein Techniker im Raum.

»Stimmt es, dass du Renata beim Handballspielen kennengelernt hast?«

Ervin nickte ein weiteres Mal. Er sah gut aus in seinen dunklen Jeans und dem schwarzen Hemd. Mit dem Gilet darüber wirkte er durch die Kamera noch ein wenig erwachsener als in Wirklichkeit.

»Gut. Dann erzähl mal, wie sich alles zugetragen hat. Wurdest du zu irgendetwas gezwungen?«

»Nein«, sagte Ervin bestimmt. Seine Stimme klang fest und ruhig. »Ich habe Renata zum ersten Mal gesehen, als sie zu uns in die Schule gekommen ist. Ich war sofort von ihr begeistert. Dann habe ich mich ihn sie verliebt.«

Tränen liefen mir über das Gesicht. Rasch wischte ich mit einer hektischen Bewegung über meine Wangen. Ich war nicht allein im Raum und niemand sollte mich so sehen.

Ich finde, dass meine Gefühle nur mich etwas angehen, und die Gefühle, die Ervin und ich füreinander hatten, gingen nur uns beide etwas an. Aber nun wurden unsere intimsten Erlebnisse auf Band aufgezeichnet, von Staatsanwälten beäugt und von Psychologen seziert. Diese Situation war das Schlimmste, das ich je erlebt hatte.

»Meinen Eltern habe ich gleich davon erzählt. Auch wegen Renata. Sie wollte das von Anfang an.« Ervin sah der Richterin direkt und mit offenem Blick ins Gesicht. Ich bewunderte ihn für seine Courage.

»Was macht ihr denn so zusammen in eurer Freizeit?« Jetzt mischte sich Peter ein.

»Wir trainieren meistens. Oder wir sehen uns gemeinsam Matches an. Manchmal gehen wir auch shoppen.«

»Wer zahlt dann die Rechnungen?«, fragte die Richterin.
»Ich zahle meine Sachen und Renata ihre.«
Die Richterin räusperte sich.
»Hattest du Oralsex oder normalen Sex mit Renata?«
»Ganz normalen.«
»Wie oft insgesamt?«
»Ich glaube etwa acht bis zehn Mal.«

Ich starrte auf den Bildschirm und spürte, wie ich rot wurde. Mit welchem Recht mischten sich diese fremden Leute in unsere Privatsphäre? Unser Zusammensein war für mich immer etwas Besonderes gewesen, unbeschreiblich schön. Wie oft? Was sollte das? Ich konnte unsere Emotionen nicht einmal in Worte fassen und sie wollten sie in Zahlen pressen.

»Von wem ging die Initiative zum intimen körperlichen Kontakt aus?« Die Richterin zeigte keinerlei menschliche Regungen.

»Von mir«, sagte Ervin. Er sah triumphierend drein.

»Ohne Zwang?«

»Ja, ganz ohne Zwang. Verstehen Sie, ich liebe Renata, ich liebe sie über alles!«

Ich spürte Panik in mir hochsteigen. Was würde geschehen, wenn die Richterin Ervin nicht glaubte? Ich wartete mit klopfendem Herzen auf weitere Fragen der Richterin, doch sie blickte Ervin nur ernst an.

»Hast du noch irgendwelche Fragen?«, fragte sie.

»Ja, eine habe ich schon noch«, sagte Ervin.

»Bitte?«

»Darf ich bis zu meinem vierzehnten Geburtstag in einem Monat, darf ich da Renatas Hand halten, wenn wir zusammen spazieren gehen?«

Die Richterin horchte auf.

»Hm. Tja, also genaugenommen ist das nicht verboten.« Sie blickte erst Ervin, dann Peter an. Ich sah, wie Peter grinste.

»Darf ich? Oder darf ich nicht?« Ervin war ein guter Spieler und seine Hammerschüsse saßen bekanntlich immer. Ich starrte gebannt auf den Schirm.

Die Richterin überlegte immer noch. Schließlich schmunzelte sie.

»Ja, du darfst.«

Peter lachte jetzt sichtbar.

Ich atmete auf. Es war geschafft. Die letzten Tränenspuren wischte ich mit einem Taschentuch weg. Ervin hatte die Situation heldenhaft gemeistert.

Am Gang trafen wir uns und Ervin griff sofort nach meiner Hand.

»Die letzte Frage, Ervin, die war wirklich stark.« Peter nickte ihm aufmunternd zu.

Die Sonne schien, als wir zum Auto gingen. Judith war sichtlich erleichtert, als sie in unsere Gesichter blickte. Sie hatte die ganze Zeit über draußen am Flur gesessen und war entsprechend nervös gewesen. Liebevoll klopfte sie Ervin auf den Rücken.

»Weißt du was, Renata?« Ervin war in Siegerlaune. »Wir fahren jetzt nicht nach Hause, sondern gehen durch die ganze Stadt und halten uns an den Händen. Ich möchte, dass die ganze Welt sieht, dass wir ein Paar sind.«

Er küsste mich flüchtig auf die Wange und wir schlenderten gemeinsam zum Akademiepark. Wir ließen einander nicht mehr los. Obwohl unsere Einschränkungen noch kein Ende hatten, schien alles so natürlich und normal zu sein. Wir setzten uns auf eine Parkbank und machten Witze über die Anhörung.

»Die Richterin war eigentlich sehr sympathisch«, sagte Ervin. »Sie hat ihren Job super gemacht.« Er stand auf und demonstrierte unweigerlich seine Körpergröße. »Sie hat auch gemerkt, dass ich kein Kind mehr bin.«

»Ich bin vor dem Bildschirm fast gestorben, Ervin.« Ich stand auch auf und schlang meine Arme um seinen Hals. Trotzdem traute ich mich nicht, ihn in der Öffentlichkeit zu küssen.

»Ich würde dich gerne küssen!« Ervin konnte Gedanken lesen. Wir zwinkerten uns zu.

»Später«, sagte ich.

Wir wurden nicht müde, uns gegenseitig zu versichern, dass wir die einzigen zwei Menschen auf der Erde wären, die wussten, was wahre Liebe bedeutete. In solchen Momenten glaubten wir, das Glück gepachtet zu haben. Die Welt gehörte uns. Unsere Liebe war unbesiegbar.

»Es war schrecklich, dich da sitzen zu sehen! Ich fühlte mich so hilflos und so grauenhaft ohnmächtig.« Wieder und wieder musste ich an die Situation im Gericht denken.

»Renata, es ist vorbei. Wir schaffen auch alles, was uns jetzt noch bevorsteht. Daran darfst du nicht zweifeln, versprochen?« Ervin zog mich nahe zu sich. »Lass uns über etwas Schöneres sprechen.«

Wir wussten beide, es würde nicht mehr lange dauern. Am 10. Juli würde Ervin seinen vierzehnten Geburtstag feiern. Dieser Festtag würde uns ein für allemal von den gegenwärtigen Bürden und Zwängen befreien. Ab diesem Tag würden wir endlich wie ein normales Liebespaar auftreten dürfen und uns als solches in der Welt frei bewegen können. Wir würden im gleichen Haus wohnen und müssten nicht länger ein Geheimnis aus unseren Gefühlen machen.

»Was möchtest du an meinem Geburtstag machen?«, flüsterte mir Ervin zärtlich ins Ohr und kam dabei gefährlich nahe. Ich erinnerte ihn noch einmal daran, dass die Richterin zwar das

Händchenhalten, nicht aber das Küssen in der Öffentlichkeit erlaubt hatte. Er zuckte ein wenig zurück.

»Wir werden ein herrliches Abendessen machen, was meinst du?«

Ich konnte noch nicht ganz fassen, dass es nur noch wenige Wochen waren, die uns von dem heiß ersehnten Tag trennten. Vor allem in Anbetracht dessen, was wir gerade erlebt hatten. Doch Ervin brachte mich wieder auf andere Gedanken.

»Oder wir gehen einfach fein aus. Am liebsten ins Vabene.«

»Ja. Wenn es schön ist, können wir ja anschließend noch durch die Stadt spazieren.« Ich sah uns schon in dem schönen Gastgarten vor unserer Lieblingspasta sitzen. Wir strahlten einander an und ich überlegte, welches Kleid ich tragen würde.

Am Abend beschlossen wir, gemeinsam Ervins Mutter zu besuchen. Sie stellte eine Flasche Saft, Gläser und Kekse vor uns auf den Tisch, nachdem wir ihre Frage, ob wir noch gemeinsam zu Abend essen wollten, verneint hatten. Der Tag war anstrengend gewesen und ich sehnte mich nach meinem Bett.

»Warst du sehr aufgeregt da drinnen, Ervin?« Judith goss den Saft in die Gläser.

»Nein, es war ganz okay, Mama.«

»Und du, Renata, wie war es für dich?«

»Ach, Judith, ich sage dir, ein paar Mal habe ich schon geweint. Ich konnte das kaum mit ansehen, wie er da gesessen ist und die Fragen auf ihn einprasselten. Und als er sagte, dass er mich so sehr liebt …«

Sie nickte.

»Bald habt ihr es geschafft, vergiss das nicht!«

16

Hinter dem schmalen Schaufenster war es drückend heiß. Ein paar Fußbälle, Sneakers und kleinere Handbälle türmten sich darin. Kunden kamen wenige. Am 8. Juli 2010 war es zu heiß zum Einkaufen. Schwitzende Menschen schleppten sich müde durch die Wiener Neustädter Fußgängerzone. Rechts neben meinem neuen kleinen Sportgeschäft, in dem ich Klamotten der dänischen Marke Hummel und allerlei sportliches Zubehör führte, befand sich ein Optiker. Links davon glitzerten Ringe und kostbare Uhren in der Vitrine des besten Juweliers der Stadt.

Das Geschäftslokal war ein Glückstreffer gewesen. Es war groß genug für meine Zwecke und die Miete war günstig. Ich musste es nur neu tapezieren. Meine Kunden waren vor allem Vereine und Clubs, die Dressen für ihre Mannschaften bei mir bestellten. Im Gegensatz zum deutschen Markt, wo es viele Hummel-Shops gab, war die Marke in Österreich noch eher ein Geheimtipp. Genau dieses Understatement fand ich chic.

Ich gewöhnte mich langsam an meinen neuen Job. Während der ersten Wochen in meinem kleinen Geschäft erinnerte ich mich oft daran, wie sich meine Jungs gefreut hatten, als ich ihnen ihre ersten Dressen gebracht hatte. Cool hatten sie in ihren einheitlichen Anzügen ausgesehen. Ich schob die Gedanken daran samt den aufkeimenden Tränen immer rasch beiseite. Täglich stand ich in meinem neuen Shop und jeden Tag vermisste ich die Arbeit mit den Jungs.

An diesem heißen Donnerstag hatte ich etwas Besonderes vor. Ich wollte in der Mittagspause ein Kleid besorgen. In zwei

Tagen war Ervins vierzehnter Geburtstag. In den mühsamen Zeiten des Bangens und der Ungewissheit hatten wir uns mit der Aussicht auf diesen Tag gegenseitig getröstet. An dem, was uns das Gericht für die Vergangenheit vorwarf, würde dieser Tag nichts mehr ändern. Danach würde trotzdem alles anders sein. Die Welt konnte sich noch aufregen über uns, aber vor Gericht stellen und verfolgen konnte uns dann niemand mehr.

Ich zog die Tür hinter mir zu und fuhr zum Einkaufszentrum. Ich hatte ein fixes Bild von dem Geburtstagskleid. Es sollte schlicht sein, ein bisschen aufregend, weiblich, aber nicht vulgär und dennoch luftig. Ich musste mich auf jeden Fall rundum wohlfühlen. Bei H&M kämpfte ich mich von Stange zu Stange und ging dann weiter zu Pimkie. Dort sah ich es sofort. Es hing da, als hätte es nur auf mich gewartet. In der engen Umkleidekabine probierte ich es an und betrachtete mich im Spiegel. Was würde Ervin sagen? An der Kasse war ich aufgeregt.

Staub und Lärm schlugen mir entgegen, als ich die stark befahrene Straße im gleißenden Sonnenlicht betrat. Ich kniff die Augen zu. Der Himmel flimmerte in der Hitze und vor mir türmten sich bunt die riesigen Schilder der Warenhäuser. Mein Blick fiel auf den McDonald's, in dem ich gemeinsam mit meinem Team nach den Matches so viele Stunden der Verzweiflung und des Triumphes erlebt hatte. Noch immer nannte ich die Jungen in Gedanken »meine Jungs«. Ich spürte einen Stich in der Magengegend. Was war nur geschehen? Und was würde meine Zukunft bringen?

Im Geschäft war nicht mehr viel los. Ich vereinbarte mit meinem Geschäftspartner in Deutschland telefonisch die nächsten Liefertermine für die Sommermonate. Ein oder zweimal würde ich selbst nach München fahren müssen, um die Ware persönlich zu checken und abzuholen. Die Autofahrten machten mir nichts aus, im Gegenteil. Ich liebte das Gefühl der Freiheit auf Autobahnen.

Bevor ich mein Geschäft verließ, steckte ich mir noch einmal die Ohrringe an, die ich zu dem neuen Kleid tragen würde. Ich hielt es an meinen Körper, drehte mich vor dem Spiegel und lächelte mir zu. So konnte ich mich sehen lassen. Ich überlegte, welche Kette dazupassen würde. Ich ging alle vorhandenen Stücke in Gedanken durch und stellte resigniert fest, dass ich keine passende besaß. Ein Gang zum Juwelier stand also noch bevor.

»Wann kommst du nach Hause?« Ervin erwartete mich auch am darauffolgenden Abend bereits ungeduldig. Seine SMS erreichte mich gerade in dem Moment, als ich die Tür meines Geschäfts abschloss. Ich reagierte mit einem knappen »Bin gleich da!« und lief los.

Der Abend war mild, das schöne Wetter würde am Wochenende anhalten. Morgen sollte es soweit sein. Ab morgen würden Ervin und ich tun und lassen können, was wir wollten. Das Gesetz würde uns nichts mehr zu verbieten haben. Wir hatten seit Ervins Besuch beim Jugendamt keine Nacht miteinander verbracht, hatten uns in der Öffentlichkeit wie Diebe gefühlt, wenn wir uns verstohlen einen flüchtigen Kuss auf die Wange gedrückt hatten. Es war erniedrigend gewesen. Das Gesetz verbat unsere Liebe, und wir mussten all die Gefühle, die nach außen dringen wollten, zurückhalten.

War das alles der verrückte Streich einer höheren Macht? Kein Mensch weiß, ob es einen Liebesgott gibt und nach welchen Kriterien er seine Pfeile in die Welt schießt. Wenn es ihn gibt, dann hat dieser Liebesgott uns ausgewählt und getroffen. Wir konnten uns gar nicht wehren.

Amor vincit omnia, dachte ich. Amor besiegt alles.

Die Hunde begrüßten mich stürmisch. Ich wehrte sie liebevoll, aber bestimmt ab. Als ich wieder aufblickte, sah ich Ervin am Basketballtor arbeiten. Als er mich entdeckte, lief er mir mit geröteten Wangen entgegen und umarmte mich übermütig. Ervin würde ab Mitte August 2010 bei einer neuen Mannschaft spielen. Ich hatte den UHLZ Perchtoldsdorf kontaktiert, weil ich gute Kontakte zu den Leuten dort pflegte. Ervin würde ab dem nächsten Herbst in Mödling zur Schule gehen. Da passte es gut, dass er zukünftig dort in der Nähe trainieren konnte.

»Renata, super, dass du endlich da bist. Los, komm, lass uns noch eine Runde trainieren.« Er hielt den Ball in der Hand und deutete mir mit dem Kopf, ihm zu folgen.

»Ich bringe nur noch schnell meine Sachen rauf und ziehe mich um.«

»Ich werde die ganze Nacht nicht schlafen!«, rief er mir nach. »Hör mal, Renata, früher habe ich immer gedacht, ich bin um elf Uhr nachts geboren. Aber seitdem ich weiß, dass es um ein Uhr nachts passiert ist, bleibe ich immer am Tag vor meinem Geburtstag so lange auf.«

Ich zog meine rote Trainingshose über und nahm beim Herunterlaufen zwei Treppen auf einmal.

»Na, da bin ich ja gespannt, ob du das diesmal auch durchhältst.« Ich neckte ihn seit Tagen damit, dass er es nicht schaffen würde, bis nach Mitternacht aufzubleiben.

Ich hob den Ball mit einer raschen Bewegung vom Boden auf. Ervin konzentrierte sich sofort. Ich schoss ihm einen Pass zu und beobachtete ihn dabei, wie er, ohne die Miene zu verziehen, nach dem Ball in der Luft griff.

Der Sparsamkeit seines Muskeleinsatzes war es zu verdanken, dass seine Reaktionen stets exakt und schnell ausfielen. Mit dieser Technik hatte er in jedem Match einen großen Vorteil.

Einmal mehr bewunderte ich die Gelassenheit und Lässigkeit seiner Bewegungen. Ich mag Menschen, deren Gesten unaufgeregt und still sind. Ich glaube an das Zusammenspiel von Körper und Geist. Ervins Besonnenheit verleiht seinem Charakter Standhaftigkeit und Stärke.

»Wenn du mich besiegst, zeige ich dir, was ich morgen anziehen werde.«

Ich lächelte Ervin kokett zu und stellte mich ein paar Meter von ihm entfernt auf. Ich signalisierte Bereitschaft zum Spiel. Ervin lächelte souverän und spielte mir den Ball zu. Nach ein paar ruhigen Würfen wurden seine Bälle langsam schärfer. Die Hunde bellten und liefen immer aufgeregter zwischen uns hin und her.

Ervin triumphierte, als ich verschoss.

»Gleich habe ich gewonnen!« Er zeigte mir eine Grimasse und ich musste lachen.

An diesem Abend verlor ich tatsächlich.

Ervin musste sich die Augen zuhalten.

»Wehe, wenn du schaust, bevor ich es dir erlaube!«

Ich verschwand leise im Badezimmer, in dem ich das neue Kleid aufbewahrte. Es hatte zarte Spaghetti-Träger und einen relativ kurzen Rock. Der Stoff war geschmeidig glatt und in einem schlichten Schwarz gehalten. Ich hielt es mir an den Körper und befühlte den weichen Stoff. Dann ging ich genau so, mit dem Kleid am Körper, wieder hinaus.

»Jetzt!«

Ervin sah mich an und seine Augen schienen noch weicher zu werden.

»Wow!« Er strahlte mich an. »Das sieht so schön aus, Renata«, flüsterte er.

»Mir fehlt nur noch die Kette«, sagte ich. »Hilfst du mir morgen, eine zu finden?«

»Na klar!« Er gab mir einen Kuss und setzte sich auf das Sofa vor dem Fernseher. »Hast du Lust auf einen Film?« Ervin wippte mit beiden Beinen gleichzeitig. »Ich muss ja heute noch lange aufbleiben.«

Ich grinste ihn an und schüttelte ungläubig den Kopf. Wenn er sich einmal etwas in den Kopf gesetzt hatte, musste er es bis zum Ende durchziehen. Ervin wollte den Gedanken, in seinen Geburtstag hinein zu feiern, immer noch nicht aufgeben.

»Magst du etwas trinken? Ich habe Cola oder Limonade.«

»Gerne eine Cola, die hält mich wach.« Er folgte mir in die Küche und zog mich sanft an sich. »Obwohl ich eigentlich so aufgeregt bin, dass ich heute ohnehin kein Auge zumachen werde.« Er küsste mich auf die Stirn. »Morgen ist es endlich soweit, Renata. Ab morgen sind wir endlich frei!«

Ich lächelte ihn an.

»Was möchtest du morgen tagsüber machen? Wünscht du dir etwas Besonderes?«, fragte ich ihn.

»Ich möchte einfach nur Hand in Hand mit dir durch die Stadt spazieren, bis es Abend ist und wir im Vabene zusammen essen.« Er drückte mich sanft an sich.

Während des Films nickte Ervin immer wieder neben mir ein. Er riss sich alle paar Minuten selbst wieder aus dem Schlaf, so lange, bis ich es nicht mehr aushielt und ihn mit beiden Händen bis zur Wohnungstür schob.

»Gute Nacht, mein Schatz. Wenn wir heute so lange wach bleiben, sind wir morgen nur müde. Und morgen ist ein neuer Tag, unser Tag!«

Ervin wollte protestieren. Ich sah auf die Uhr. Es war kurz nach Mitternacht.

»Alles Gute zum Geburtstag, Ervin«, flüsterte ich ihm sanft ins Ohr.

Ervin murmelte etwas und umarmte mich zum Abschied.

Seine SMS weckte mich nicht. Ich war schon vor sieben Uhr auf. Im Kalender stand es in großen Zahlen: 10. 7. 2010.
»Bist du schon wach?«
»Mache Frühstück.«
Carla war in Wien und Emily war bei ihrem Vater, also war ich ganz allein in der Wohnung. Ich kochte gerade Kaffee.
Gleich darauf klopfte es leise an der Tür.
»Guten Morgen, Geburtstagskind!«
Wir lachten beide aus vollem Herzen.
»Küss mich! Endlich bin ich vierzehn!«, stieß Ervin hervor.
Ich erfüllte ihm seinen ersten Wunsch an seinem Geburtstag nur allzu gerne.

Nach dem Frühstück liefen wir durch die Stadt, als gehörte sie uns. Die Schaufenster klapperten wir so lange nach einer passenden Kette ab, bis wir eine wunderschöne silberfarbene gefunden hatten.

Die Suche dauerte sehr lange. Meine stets allzu genauen Vorstellungen von dem, was ich will und was ich nicht will, machen das Einkaufen mit mir nicht gerade einfach. Mir schwebte eine Kette vor, die perfekt zu meinen Schuhen passen sollte. Die Sandalen mit den hohen Absätzen wurden in der Mitte von einem breiten glänzenden Band zusammengehalten und die Halskette sollte ihren Farbton und ihre Eleganz unterstreichen, ohne dabei billig oder aufdringlich zu wirken.

Das Stück, das Ervin schließlich in Wiener Neustadt entdeckte, war perfekt. Ich legte mir die Kette sofort an. Auf dem

Rückweg hielten wir uns fest an den Händen. Ein Luftzug ging durch die Baumkronen im Park und Ervin sah mich an.

»Ich bin so glücklich, Renata!«

»Weil ich endlich eine Kette gefunden habe?« Ich lachte. Er war so romantisch und weckte genau diesen verspielten Teil meiner Persönlichkeit, den ich so oft unter Hummel-Anzügen und hinter sportlichen Kommandos versteckte. Ich liebte ihn – auch dafür.

»Nein, dass ich dich gefunden habe!« Ervin gab mir einen innigen Kuss. Es sollte an diesem Tag noch bei Weitem nicht der letzte sein. Alles hätte so schön sein können, doch immer lag der Schatten der kommenden Gerichtsverhandlung über uns. In jeden glücklichen Moment mischte sich die Angst, was passieren würde.

Zu Mittag wollten wir pünktlich zurück zu Hause sein, denn Judith hatte ein Mittagessen für ihren Sohn geplant. Normalerweise lud sie zu solchen Anlässen die gesamte Verwandtschaft ein. Da sie aus einer achtköpfigen Familie stammte, konnte es dann ziemlich hoch hergehen. Doch Ervin hatte sie gebeten, nur in einer kleinen, gemütlichen Runde diesen speziellen Geburtstag zu feiern.

Also saßen wir um Punkt zwölf gemeinsam mit Nadine, Emily und Ferry, dem Freund von Judith, über der dampfenden Lasagne, für die Ervins Mutter berühmt war.

»Happy Birthday to you ...«

Auf der Schoko-Nuss-Torte prangte groß die Zahl vierzehn. Ervin blies alle Kerzen auf einmal aus, während die kleine Gästeschar ihr Geburtstagsständchen zum Besten gab.

»Und? Hast du dir etwas gewünscht, Ervin?« Nadine sah ihren Bruder mit großen blauen Kinderaugen an.

»Ja.« Ervin nickte und strich ihr über den Kopf.

»Was denn?«, bohrte Nadine nach und rutschte auf ihrem Stuhl hin und her.

»Sei nicht so neugierig!« Judith lächelte ihren Sohn an.

Ervin zwinkerte zuerst Nadine und dann mir zu. Anschließend schnitt er die Torte an. Mir gab er als Erste ein großes Stück von seinem Geburtstagskuchen.

17

Ich verrieb gerade das Parfum auf meinen Handgelenken, als ich Ervins Stimme an der Tür hörte.

»Renata, darf ich reinkommen?«

Ich warf einen letzten Blick in den Spiegel, bevor ich antwortete. Das dünne Kleid passte sich meiner schlanken Figur perfekt an. Ich hatte nie an den Hüften zugenommen, auch nicht während meiner beiden Schwangerschaften. Durch das jahrelange regelmäßige Sporttraining und meine gesunde Ernährung hatte ich meine schmale, kindliche Figur all die Jahre hindurch behalten. Frauen beneideten mich immer schon um meine zarte Silhouette. Die hohen Sandalen betonten meine schlanken Beine und die Kette schmiegte sich kaum spürbar um meinen Hals. Das kühle Metall fühlte sich gut an.

Ich zupfte an meinen Haaren, wie immer wenn ich nervös war, und überprüfte noch einmal mein Make-up. Mit einem Kajalstift hatte ich die Form meiner Mandelaugen nachgezeichnet, sodass es an Porträts von ägyptischen Pharaonen erinnerte. Darüber trug ich moosgrünen Lidschatten mit einem sanften Schimmer-Effekt.

»Renata! Bist du schon fertig?«

»Komm doch rein, Schatz!«, rief ich und tupfte noch rasch etwas transparenten Lipgloss auf die Lippen. »Die Tür ist offen.«

Ich hörte, wie er eintrat. Unsere Blicke trafen sich im Spiegel. Ein Schauer durchlief mich von Kopf bis Fuß und ich drehte mich mit einem leichten Ruck um die eigene Achse. Der zarte Stoff des Kleides folgte geschmeidig der Bewegung meines Körpers.

»Wir können eigentlich gleich gehen.« Meine Stimme zitterte leicht, mein Herz schlug schnell. Ich war aufgeregt. So hatte mich Ervin zuvor noch nie angesehen.

»Wow«, stammelte er. »Das ist ja unglaublich. Renata, so schön hast du nur in meinen Träumen ausgesehen!«

Ervin trug ein schwarzes T-Shirt und eine weiße lange Sommerhose. Seine gebräunten Zehen lugten darunter hervor. Ein Hauch von Aftershave füllte schnell das kleine Badezimmer. Er sah umwerfend aus, mit seinen breiten Sportler-Schultern, die sich deutlich unter dem leichten Stoff seines Oberteiles abzeichneten.

Wir lächelten einander an und er drehte mich noch einmal um meine Achse und begutachtete mich von oben bis unten. Dann trat er hinter mich und zog mich an sich. Liebevoll küsste er mich auf den Mund.

»Du bist wunderschön.«

Ich wurde rot, und als wir eng umschlungen dastanden, fühlte ich auch sein Herz lauter pochen.

»Weißt du, was ich mir gewünscht habe, als ich die Torte ausgeblasen habe?« Ervins Stimme klang zärtlich. Ich hielt die Augen geschlossen.

»Wa-as?« Verspielt dehnte ich die Worte.

»Ein Kind … Renata, ich wünsche mir ein Kind von dir!«

Glück durchströmte mich.

»Das wünsche ich mir auch«, sagte ich und strich ihm durch die Haare.

Leise, beinahe andächtig gingen wir die Stufen hinunter, doch Judith hörte unsere Schritte. Ihr Kopf erschien im Türrahmen.

»Wie schön ihr beide ausseht! Wartet, ich muss doch noch ein Foto von euch machen.« Ihre Schürze verriet, dass sie offenbar in der Küche beschäftigt gewesen war. »Ich muss mir nur schnell die Hände waschen. Kommt für einen Moment herein.«

Sie kam mit dem Fotoapparat aus dem Schlafzimmer zurück. Schüchtern blickten wir in die Kamera. Zum ersten Mal fotografierte uns jemand als Paar.

Wir stiegen ins Auto und die Fahrt verlief wortlos. Ervin fixierte mich die ganze Zeit über von der Seite. Ich stellte das Auto im Parkhaus ab und der Kellner im Vabene, dem besten Italiener der Stadt, erwartete uns bereits mit einem freundlichen Lächeln. Er kannte uns vom Sehen. Bereits vor einigen Wochen hatte ich einen Tisch im Freien reserviert.

Es war noch hell, als wir eintrafen. Der Kellner führte uns an unseren Tisch. Bewundernde Blicke begleiteten uns. Wir bestellten eine große Fischplatte für zwei. Das Gericht sah aus wie einem alten holländischen Stillleben entsprungen. Riesige Scampi, Filets von der Goldbrasse, Gemüse aller Art, Kartoffel und Rucolasalat lagen bunt nebeneinander und wir fielen nach einem Moment des Staunens mit Bärenhunger darüber her. Es war unser Festmahl und wir zelebrierten es auch so. Der Kellner wirkte amüsiert, er zwinkerte mir im Vorbeigehen zu. Die Atmosphäre hier erinnerte mich immer ein bisschen an die sonnige Mentalität in den Gaststuben meiner Heimat.

»Hast du dir Gedanken gemacht, was du heute anziehen wirst?«, fragte ich Ervin schließlich ein wenig neckisch.

»Klar, ich wollte mich für dich schön machen.« Er lachte mich an.

»Weißt du, dass du ziemlich gut aussiehst in diesem T-Shirt? Wie ein echter Handball-Star!« Ich mimte die Position, die Champions am Siegerpodest einnehmen.

Er strahlte. Dann wurden seine Züge ernst.

»Du hast doch nur Augen für mich, oder?« Ervin nahm meine

Hand, die neben dem Teller lag und zog sie an seine Brust, sodass meine Handfläche die Stelle berührte, unter der sein Herz schlug. »Versprich mir, dass du nie einen anderen anschauen wirst!«

Ich lachte ihm scheu und ein wenig verlegen zu. Ich hatte wieder dieses Gefühl, als ob wir uns schon jahrelang kennen würden. Vom ersten Tag unserer Begegnung an hatten wir uns stundenlang miteinander unterhalten können. Wir hatten unzählige Gespräche hinter uns, wir waren unendlich vertraut miteinander. Alles fühlte sich völlig normal an. Für uns gab es keine Zeit, keine Zahlen. Das Wort Altersunterschied benutzten wir nicht.

Wir sind verwandte Seelen, dachte ich und musterte Ervin, der mit seiner Gabel nach einer Kartoffel langte. Vielleicht gab es das ja wirklich: Seelenpartner, die einander begegneten, egal in welchem Alter, und die dann einfach wussten, dass sie füreinander bestimmt waren. Anders konnte ich mir diese gegenseitige Anziehung nicht erklären.

Ich musste daran denken, wie wir gemeinsam ein Regal in meiner Wohnung montiert hatten und wie ich, als es nicht gleich geklappt hatte, wutentbrannt alles auf den Boden geschmissen hatte. »Gleich werfe ich den Dreck aus dem Fenster«, hatte ich drohend gerufen. Ervin hatte nur geschmunzelt. Er war ganz ruhig geblieben, hatte mich wie ein kleines Mädchen an der Hand genommen und mich dann mit sanftem Druck gezwungen, mich wieder auf das Sofa zu setzen. »Leg du dich einen Moment hin und lass mich nur machen«, hatte er gesagt. In solchen Momenten wurde ich mir meiner unendlichen Zuneigung für ihn noch stärker bewusst.

Hand in Hand schlenderten wir die Fußgängerzone entlang. Die Nacht war herrlich mild und über die Stadt spannte sich ein gigantischer Sternenhimmel. Schweigend gingen wir nebeneinander durch die Dunkelheit zum Parkhaus zurück. Frieden umgab uns.

Ervin küsste mich noch einmal heftig, bevor wir die Wohnungstür erreichten.

»Ich möchte diese Nacht mit dir verbringen, Renata. Wir haben so lange auf diesen Moment gewartet.«

Ich schloss die Tür hinter uns ab und die Welt mit all ihren Gesetzen und Gerichtsverhandlungen aus. Hier waren wir sicher. Niemand konnte uns in diesem Moment anstarren, befragen, belangen oder verurteilen. In dieser Nacht herrschte nur ein Gesetz, und zwar das einer bedingungslosen Liebe zwischen Mann und Frau.

Nachher sprachen wir noch eine gefühlte Ewigkeit miteinander, bevor wir eng umschlungen einschliefen. Als ich in den frühen Morgenstunden einmal aufwachte und aufstehen wollte, schaffte ich es nicht, mich aus Ervins starkem Griff zu befreien. Er schien nichts zu bemerken und schlief selig weiter. Ich versuchte vergeblich, zwischen seinen Armen durchzurutschen, doch je intensiver ich mich bewegte, umso fester umschlang er mich. Ich blickte ihn an und sah ihm eine ganze Weile einfach nur zu, wie er dalag und schlief. In dieser Nacht wusste ich, dass ich restlos verloren war. Es war ein wunderbares, noch nie dagewesenes Gefühl.

Ich umarmte Ervins Rücken, als ich bemerkte, dass er sich regte. Wie immer war ich früh wach. An diesem Morgen fehlte mir noch mehr als sonst die Ruhe, still zu liegen.

»Guten Morgen«, flüsterte ich ihm ins Ohr.

»Guten Morgen, Renata.« Er drehte sich um und rieb sich die Augen, als könne er dem Bild nicht trauen, das sich ihm bot.

»Weißt du, dass ich zum ersten Mal in meinem Leben nicht allein, sondern neben jemandem aufwache?« Er setzte sich auf und strich sich die Haare aus der Stirn.

Auch ich hatte lange nicht mehr neben jemandem geschlafen.

»Und wie fühlt sich das an?« Ich blickte ihn zärtlich an. Für mich waren die ersten Stunden des Tages etwas sehr Intimes. Beim Aufwachen trug niemand eine Maske. Am Morgen war jeder Mensch authentisch und pur.

»Wunderschön. So wie du. Einfach nur schön.« Er strich mir liebevoll über die Wange. Dann hielt er mein Gesicht mit beiden Händen fest. »Renata, ich will nie wieder ohne dich aufwachen!« Er umarmte mich fest und wiederholte die Worte immer und immer wieder. »Ich liebe dich über alles. Hörst du, über alles, Renata!«

»Und ich liebe dich!«

Ich schluckte. Es fühlte sich noch alles so unwirklich an. Einen Augenblick lang überkam mich ein Anflug schlechten Gewissens. Es war, als würde ich mit einem frisch ausgestellten Führerschein in der Tasche zum ersten Mal allein einen Wagen lenken. War wirklich alles legal und sicher? Ja! Niemand würde uns nun etwas anhaben können. Wir würden uns nie mehr für unsere Gefühle rechtfertigen müssen.

Doch was würde bei meinem Prozess geschehen? Wieder wurde ich unruhig. Es nützte nichts, dass unsere Liebe endlich legal war, wenn ich im Herbst verurteilt werden würde. So groß unser Glück jetzt war, es konnte bald wieder vorbei sein.

»Renata?« Ervin riss mich sanft aus meinen Gedanken. Ich spürte, wie er sich von hinten an mich schmiegte, fühlte seine warme Haut an meinem Rücken.

»Ervin?« Ich drehte mich zu ihm um und wir sahen einander wortlos in die Augen.

»Hunger!« Ervins Magen knurrte laut. Er grinste mich an.

»Ich auch«, rief ich und sprang schnell auf. Nicht zum ersten Mal hatte ich neben Ervin die Welt vergessen.

Ich zog mir sein Hemd über, das neben dem Bett lag, ging in die Küche und machte mich daran, ein ausgiebiges Frühstück mit Schinken, Eiern und Käse vorzubereiten. Von Weitem hörte ich, wie Ervin die Dusche andrehte. Aus dem Fenster drang warme Luft ins Zimmer. Der wolkenlose Himmel versprach einen weiteren Sommertag mit Hitzerekorden. Ich war am Meer aufgewachsen und an hohe Temperaturen gewöhnt. Ervin mochte Hitze nicht und bevorzugte die kühlere Jahreszeit. Ervin beklagte sich sonst nie, aber über die heiße Zeit murrte er nun schon seit Tagen.

»Mmh, das sieht ja lecker aus!« Ervin griff beherzt zu und schaufelte auch meinen Teller voll. Er verströmte einen frischen Duft und seine Haare glänzten noch nass. Sie sahen ganz dunkel aus, denn er hatte sie streng zurückgekämmt.

»Hast du Lust, später schwimmen zu gehen?«, schlug ich vor.

»Das ist eine gute Idee!« Ervin füllte unsere Gläser mit Orangensaft. »Vielleicht kommt Lukas auch vorbei, soll ich ihn fragen?«

»Sicher, Schatz!«

Seine Arme waren gebräunt, und ein kleiner Ausschnitt vom Himmel, der durch das Dachfenster zu sehen war, leuchtete hellblau. Ich lächelte. Es war Sommer.

Das Becken war angenehm groß und bot ausreichend Abkühlung. Außerdem verfügte das Aqua nova in der Wassergasse in Wiener Neustadt noch über ein fünfundzwanzig Meter langes Sportbecken, in dem wir unser Training absolvieren konnten. Eine riesige Wasserrutsche führte zu einem großzügigen Bereich im Freien.

»Da hinten?« Ervin deutete auf einen Platz im Halbschatten direkt neben dem Pool.

»Ja, der sieht gut aus.« Ich sah mich um. Obwohl Sonntag war, waren nicht zu viele Menschen hier. Wahrscheinlich hatte es der Großteil der Wiener Neustädter Bevölkerung vorgezogen, an die umliegenden Föhrenteiche zu fahren.

»Ich muss sofort ins Wasser«, rief Ervin und streifte sich die Hose ab. »Kommst du mit?«

»Nein, geh du schon mal vor, ich komme gleich nach.« Ich deutete mit der Hand auf meine Badetasche. Ich musste mir den Bikini noch anziehen.

»Mach schnell!« Mit diesen Worten lief er zum Wasser.

Ich sah zu, wie er sich mit einem eleganten Sprung in die Fluten stürzte. Kaum war er wieder aufgetaucht, kraulte er los und war bald nur noch als kleiner Punkt am anderen Rande des Beckens zu sehen. Ich entdeckte Lukas, der Ervin vom Schwimmbadrand aus etwas zurief. Ervin schwamm zu ihm und zog ihn mit einem Ruck ins Wasser. Die Jungs blödelten miteinander und balgten sich. Ich beobachtete sie eine Zeitlang von meinem Handtuch aus. Sie verströmten eine heilsame Art der Heiterkeit. Ich legte mich auf den Rücken und genoss die warmen Sonnenstrahlen auf der Haut, lauschte dem Gelächter, das über der Wasseroberfläche schwebte. Noch hatte ich Sommergefühle.

Doch dann dachte ich an den kommenden Prozess. Der Herbst kam gnadenlos und mit rasenden Schritten auf uns zu. Meine Gerichtsverhandlung war für Anfang Oktober anberaumt worden. Düstere Gedanken türmten sich wie Gewitterwolken vor mir auf.

Ich wollte das Wort nicht denken. Gefängnis. Wie würden meine Lieben es verkraften, wenn ich tatsächlich ins Gefängnis gesperrt werden würde? Ich stellte mir vor, wie Carla, Emily und

Ervin mich im Gefängnis besuchen mussten. Ich selbst würde eine Verurteilung verkraften können. Ich war stark genug, um mit jeder Situation fertig zu werden. Doch meiner Familie und Ervin durfte ich das nicht antun.

Auf einmal spürte ich eiskalte Wassertropfen wie kleine Nadelstiche auf meinem ganzen Körper.

»Hey!« Ich schrie auf, als Ervin wie ein kleiner Hund seine triefenden Haare vor mir schüttelte, sodass das Wasser in alle Himmelsrichtungen spritzte.

»Kleine Erfrischung gefällig, Madame?« Mit seinem Lachen vertrieb er die Geister der Verzweiflung, die wieder einmal meine Seele zu erobern drohten.

Die nächsten Tage waren wieder angefüllt mit Arbeit. Ich war froh, als Ervin einwilligte, mich auf meiner Fahrt nach München zu begleiten.

Noch einmal packte uns beim Auffahren auf die Autobahn ein Gefühl der Unbeschwertheit und der Leichtigkeit. Es fühlte sich an wie der Aufbruch in ein neues Leben, das uns mit all seinen wunderbaren Möglichkeiten bevorstand. Einmal mehr war unsere Gemeinsamkeit wie die Verwirklichung eines Traumes, der zu schön war, um wahr sein zu können. Der Asphalt glühte und die Klimaanlage im Honda lief auf vollen Touren. Im Radio schmachtete Madonna nach der Isla Bonita.

Ich fluchte in meiner Muttersprache, als wieder einmal ein Fahrer auf der mittleren Spur dahintrottete und mich zwang zu überholen, anstatt selbst auf den rechtesten Fahrstreifen zu wechseln.

»In Österreich herrscht Rechtsfahrordnung!« Ich war genervt.

»Uiuiuiii!« Ervin johlte vor Vergnügen. Er lachte aus vollem Halse über mich, bis ich in sein Gelächter einstimmte.

»Bei uns in Kroatien fahren die Menschen besser. Da kann man sich ein Beispiel nehmen«, sagte ich mit übertriebenem Ernst.

»Na klar, Renata. In Kroatien ist die ganze Welt einfach besser.« Ervin neckte mich. Er wusste, wie er mit mir umgehen musste.

In München fuhren wir zum Hummel-Ausstellungsraum in einem angesagten Viertel.

Als wir in den Laden kamen, begrüßte mich mein Geschäftspartner Paul kurz. Ich stellte ihm Ervin als meinen Freund vor. Während wir die Bestellung durchgingen, bummelte Ervin zwischen den Ständern und Regalen.

»Schau, die roten Polos, die habe ich gerade reingekriegt«, sagte Paul. »Die gehen sicher weg wie warme Semmeln!«

»Mhm.« Ich befühlte den weichen Stoff. Wie immer gab es hier nur die beste Qualität. »Davon nehme ich zehn in Large und fünf in Medium.«

»Sag, Renata, hab ich … äh … hab ich das richtig verstanden mit dem Jungen?« Er hatte die Stimme gesenkt und sah verstohlen zu Ervin.

»Wie meinst du das?« Natürlich wusste ich nur zu genau, worauf er anspielte.

»Na ja, dass er dein Freund ist und so. Also so richtig Freund-Freund?« Paul geriet ein bisschen ins Stottern.

»Ja!« Ich sah ihm direkt in die Augen. Solche Gespräche würde ich in Zukunft wohl öfter führen müssen.

»Darf ich dich etwas fragen?« Er fingerte an den Polo-Shirts herum und fuhr fort, ohne meine Antwort abzuwarten. »Also, weil er so jung ist, meine ich. Hast du nicht Angst, dass er bald erwachsen wird und andere Interessen entwickelt?« Er sprach fast tonlos und blickte zu Boden.

»Wieso soll ich Angst haben?« Ich sprach so laut, dass auch Ervin mich hören konnte. »Ervin ist nicht mein Besitz, Paul. Vielleicht werde auch ich andere Interessen entwickeln in ein paar Jahren, das ist ganz normal. Das ist in jeder Beziehung so.«

»Ja, klar«, sagte Paul. Er sah verlegen auf.

Aus dem Augenwinkel bemerkte ich, wie mir Ervin vom Sweatshirt-Regal aus zulächelte und hielt den Daumen hoch.

»Reicht es dir, wenn ich die Rechnung Ende des Monats überweise?«, fragte ich.

Paul nickte, dankbar, das Thema zu wechseln. Während er mir später dabei half, die Ware in meinen Honda zu laden, sprachen wir über das Wetter.

Auf der Fahrt nach Hause hallten Pauls Worte noch immer in meinen Ohren. Ervin war neben mir eingenickt. Jeder Mensch bekommt kindliche Züge, während er schläft. Aber Ervin sah aus wie ein Engel. Ich konzentrierte mich auf die Fahrbahn. Mit der Zukunft ist das so eine Sache, dachte ich. Die Menschen machen sich darüber wohl generell zu viele Gedanken. Auch ich wollte oft gleich in allen Dingen Gewissheit haben, um die Kontrolle nicht zu verlieren. Aber ich hatte in diesen letzten Monaten lernen müssen, dass die ultimative Sicherheit eine Illusion war. Als ich Milivoj vor vielen Jahren geheiratet hatte, war ich überzeugt gewesen, dass ich bis zu meinem Lebensende mit ihm zusammenbleiben würde. Über die Zukunft kann man spekulieren, aber niemand hat den Verlauf des eigenen Lebens tatsächlich in der Hand. Es muss sie geben, diese Kraft, die größer und stärker ist als wir alle und die die Wege der Menschen auf Erden lenkt. Seit sie mich zu Ervin geführt hat, vertraue ich in diese Macht.

18

Ich tauschte die T-Shirts im Schaufenster gegen Kapuzensweatshirts und räumte die Flip-Flops in eine Schublade im hinteren Teil des Ladens. Die Tage waren schnell wieder kürzer geworden. Ich hatte gehofft, dass der Herbst das Geschäft ankurbeln würde. Aber es war schon Anfang Oktober und der große Kaufboom war bisher ausgeblieben. Wenn es so weiterging, würde ich mir früher oder später eine andere Lösung für das Geschäft überlegen müssen. Ich dachte an einen Vertrieb im Internet. Auch die Sprachschule wollte ich in Zukunft mehr ausbauen.

Ich betrachtete mein Werk von außen und war stolz auf mein Gespür für Farbkombinationen. Das Marineblau der T-Shirts fand sich in den Schuhen wieder und harmonierte perfekt mit dem Kirschrot und dem Schneeweiß der Kappen, die ich lässig auf einen Haufen geworfen hatte. Das Arrangement wirkte wie zufällig, tatsächlich hatte aber alles seinen Platz. Ich war zufrieden.

»Hallo Renata!« Ich hatte das Läuten des Telefons gerade noch rechtzeitig gehört. Ich war dabei, mein Geschäft zu verlassen, um Emily vom Training abzuholen.

»Peter! Wie geht es dir?«

»Gut … äh … Renata, nur kurz, denn ich bin in Eile. Ich wollte dich darüber informieren, dass der Gerichtstermin um einen Monat verschoben wurde!« Mein Anwalt klang hektisch.

»Wieso, was ist passiert?«

»Kein Grund zur Aufregung. Das hat nichts mit dir zu tun. Das kann manchmal vorkommen, weil etwas Dringenderes vorgezogen wird. Es hat wirklich nichts zu bedeuten.«

Nichts zu bedeuten, dachte ich, du hast gut reden. Ich wollte die Sache endlich ein für alle Mal hinter mich bringen.

Resigniert legte ich auf und starrte in die hohe Fensterscheibe, die den Blick auf eine schlichte Hausfassade freigab. Jetzt hieß es erneut abwarten. Meine Nerven würden noch ein Monat länger auf die Folter gespannt werden.

Am Abend besuchte mich Ervin kurz. Wenn Emily bei mir war, schlief er immer im unteren Stockwerk bei seiner Mutter.

Ich war nun beinahe täglich in der kleinen Wohnung am Zehnergürtel, zumindest vier Tage die Woche. Emily hatte intensive Trainingszeiten und blieb die meiste restliche Zeit über bei mir.

Ich machte eine Pizza und erzählte den beiden möglichst beiläufig von den Neuerungen im Prozess. Ich wollte es ihnen schonend beibringen.

»Was, ein ganzer Monat?« Ervin reagierte aufgebracht. »Das ist ja entsetzlich lange, Renata!«

Ich nickte.

Emily ergriff meine Hand.

»Mama, das geht auch vorüber!«

Ich lächelte sie dankbar an und kämpfte gegen einen Kloß im Hals.

Den beiden stand die Angst ins Gesicht geschrieben und ich musste mich zwingen, stark zu bleiben.

»Lasst uns einen Film ansehen, was meint ihr?« Ich versuchte, eine fröhliche Miene aufzusetzen. »Wir können jetzt nichts daran ändern, und je mehr wir darüber nachdenken, desto schlimmer wird es doch nur.« Aufmunternd blickte ich die beiden an.

Ervin begann als Erster damit, das schmutzige Geschirr in die Küche zu tragen. Beim Zurückkehren fasste er mich an der Taille und zog mich an sich.

»Du hast wie immer recht, wir schaffen das.« Er sah mich zärtlich an. »Und jetzt lasse ich die Damen für heute Abend allein.« Er zwinkerte Emily zu.

Ervin war wirklich der einfühlsamste Mensch, den ich jemals getroffen hatte. Er spürte, dass ich Zeit für mich und auch Zeit mit meiner Tochter brauchte. Ich war ihm dankbar.

Emily drehte den Fernseher an und Ervin und ich verabschiedeten uns an der Wohnungstür.

»Ich weiß, wie schwer es für dich ist, Renata. Aber wir halten alle zusammen. Das ist das Einzige, was zählt. Ich liebe dich!«

Ervin kannte meine Ungeduld nur zu gut. Schweigend strich ich ihm über die Arme. Das Schlimmste hatten wir hinter uns. Ervins Anhörung war die reinste Tortur für mich gewesen. Ich hatte es kaum ertragen, ihn über den Bildschirm in dem kargen Raum sitzen zu sehen. Er hatte so ausgeliefert gewirkt. Außerdem hatten mich Schuldgefühle geplagt, denn ich war es, die ihn in diese Lage gebracht hatte.

Meinem eigenen Prozess blickte ich mit Courage entgegen. Das bevorstehende Gespräch mit Richtern und Staatsanwälten ging ich wiederholt in Gedanken durch. Diese Leute flößten mir keine Angst ein. Was mir seit Wochen den Schlaf raubte, war der Gedanke an meine mögliche Verurteilung und ihre Konsequenzen. Ich konnte das meinen Kindern nicht antun. Und auch Ervin nicht. Ich würde es mir nie verzeihen können. Mein Anwalt Peter war seriös genug gewesen, mir die Wahrheit zu sagen. Auch er konnte nicht dafür garantieren, was bei der Verhandlung herauskommen würde.

»Ich liebe dich auch, mein Schatz«, sagte ich zu Ervin. »Versuch jetzt zu schlafen, ja?«

»Ja. Versuch du das auch.« Ervin verschwand in der Dunkelheit des Stiegenhauses.

Am Montag, zwei Tage vor dem Prozess, sah ich es erneut schwarz auf weiß. Die Gemeinheit mancher Menschen ist grenzenlos. Das Boulevardblatt, das schon jenen ersten schrecklichen Artikel geschrieben hatte, hatte seine verbale Hetzjagd auf uns wieder eingeleitet. Erneut war die Rede von Ervins Stiefvater, wieder las ich Drohungen, Gehässigkeiten, Lügen, Verleumdungen. Auch Ervins Stiefgroßmutter wurde zitiert.

Am Vortag hatten wir meinen Geburtstag gefeiert und trotz aller Ablenkungsversuche meiner Lieben war die Stimmung spürbar gedämpft gewesen. Wir hatten uns bemüht, für wenige Stunden nicht an das Bevorstehende zu denken. Doch der kommende 10. November 2010 hing wie ein Damoklesschwert über uns.

Ich sah auf das Schmierblatt in meinen Händen und die Buchstaben verschwammen vor meinen Augen. Weniger schockierte mich die Schmutzwäsche, die täglich gewaschen wurde, als die Arbeitsmoral der Journalisten. Wie ein Mensch einen öffentlichen Job so unprofessionell machen konnte, war mir ein Rätsel.

Einmal hatten Journalisten Ervin dabei fotografiert, wie er im Garten trainierte und die Hunde neben ihm spielten. Er war in dem dazugehörigen Artikel wie ein Idiot dargestellt worden, der nichts anderes im Kopf hatte, als tagtäglich mit seinen Hunden im Garten zu spielen. Dass er in Wahrheit diszipliniert trainierte, schrieb niemand. Mir war klar geworden, wie weit Journalismus von der Wahrheit entfernt sein kann.

»Renata!« Ervins Stimme klang atemlos und heiser. »Da steht ein Kamerateam vor der Haustür!«

Ich lief die Treppe hinunter.

»Wer sind Sie?«, fragte ich barsch. Eine der beiden Frauen trug eine schwere Kamera auf ihrer linken Schulter. Auf dem oberen

Rand des Gerätes konnte ich das Logo des deutschen TV-Senders RTL ausmachen.

»Guten Tag, Frau Juras?« Die Frau ohne Kamera streckte mir ihre Hand zum Gruß entgegen. Dem Akzent nach zu urteilen kam sie aus Deutschland.

Ich nickte misstrauisch.

»Sie haben ja morgen um neun Uhr Ihre Verhandlung und wir würden vorher gerne noch ein Interview mit Ihnen machen!«

»Wissen Sie, wir haben so viel falsches Zeug und so viel Unsinn in den Medien über uns gehört und gelesen ... Ich habe kein Interesse, aber vielen Dank!«

Ich drehte mich um und sah in Ervins Augen. Er hatte die ganze Zeit über hinter mir gestanden.

»Frau Juras, bitte warten Sie doch! Ich habe vollstes Verständnis für Ihre Zweifel. Wir finden es auch furchtbar, was da zu lesen war. Aber vielleicht möchten Sie uns Ihre wahre Geschichte erzählen?«

Unsere wahre Geschichte! Was gingen diese Menschen unsere Gefühle an? Sie wollten doch gar nichts über unsere Liebe hören, nur der Skandal interessierte sie. Wir hatten einen einzigen Fehler gemacht. Hätten wir ein paar Monate später zum ersten Mal Sex gehabt, hätte sich keine Menschenseele für uns interessiert.

Ich biss die Zähne zusammen und drehte mich noch einmal um.

»Vielleicht morgen, nach der Verhandlung.« Ich versuchte, höflich zu bleiben. Diese Frau bemühte sich wahrscheinlich auch nur, ihren Job zu machen.

Die beiden Frauen verabschiedeten sich freundlich von uns.

Da rief jemand unsere Namen.

»Renata, Ervin!«

Automatisch drehten wir uns um.

Eine Frau stand am Zaun. Sie rief uns zu, von welcher Zeitung sie kam. Es war genau jene Zeitung, die so viele schreckliche Artikel über uns veröffentlicht hatte.

Mir wurde heiß. Ich traute meinen Ohren nicht. Ausgerechnet eine Mitarbeiterin jener schmuddeligen Gazette, die uns in der Öffentlichkeit dermaßen diffamiert und blamiert hatte, wagte es, hier aufzutauchen. Diese Frechheit war für mich kaum zu überbieten Diese Menschen hatten doch wirklich keinen Funken Ehrgefühl.

»Lassen Sie uns einfach in Ruhe!« Ervin konnte sich nicht mehr beherrschen.

»Aber bitte, so lassen Sie mich doch erklären …« Die Journalistin rang nach Worten. Sie war jung und sah eigentlich nicht unsympathisch aus, aber ich traute diesen Schreiberlingen nicht mehr. Das Wort »Sextrainerin« hatte schon zu oft in den Schlagzeilen gestanden.

»Wollen Sie wieder etwas über eine Sextrainerin schreiben?«, schrie Ervin. Er hatte rote Flecken am Hals.

»Das habe ja nicht ich so geschrieben, bitte glauben Sie mir«, versuchte die Journalistin Ervin zu beruhigen.

Ich legte Ervin eine Hand auf die Schulter. Ervin lächelte mich an. Er war wieder gefasster, doch seine Worte klangen eiskalt.

»Merken Sie sich eines, mit jemandem von Ihrer Zeitung reden wir sicher nicht. Niemals. Belästigen Sie uns nie wieder.«

Ein Kopf tauchte neben der Journalistin am Zaun auf. Wir flüchteten ins Haus und schlugen die Tür hinter uns zu. Von der Presse hatten wir für heute wirklich genug.

Am unteren Stiegenabsatz nahm mich Ervin wortlos in die Arme und wir hielten uns einfach nur fest.

Der Abend verlief friedlich. Es war ein bisschen so wie vor einem Match. Jeder von uns war damit beschäftigt, möglichst viel Konzentrationsfähigkeit zu sammeln.

Ervin lief im Zimmer auf und ab. Emily wollte mich überreden, ein bisschen früher schlafen zu gehen, um am nächsten Tag fit zu sein.

Auch in dieser Hinsicht waren wir wie eine große Familie. Mir wurde einmal mehr bewusst, dass wir alle aus demselben Holz geschnitzt waren. Wir hatten alle die nötige Disziplin, um auch die schwierigsten Hindernisse zu überwinden.

Am nächsten Tag brachen wir früh auf. Ich hatte in der Nacht kaum ein Auge zugetan, fühlte mich aber einigermaßen frisch. Meine Gedanken waren glasklar.

Ich kannte diesen Zustand von meiner Sportlerlaufbahn zur Genüge. Einatmen, ausatmen.

Die Wahrheit sucht sich ihren Weg, hatte meine Großmutter immer zu mir gesagt. Ich sah zum Himmel, bevor ich ins Auto stieg und war sicher: Vor dem Gericht, vor der Gerechtigkeit würde wahre Liebe siegen.

Wir trafen Peter eine Viertelstunde vor dem Termin beim Landesgericht Wiener Neustadt am Gang direkt vor dem Verhandlungssaal. Er war wie immer adrett gekleidet, wirkte ruhig, gefasst und strahlte Souveränität aus. Ähnlich wie bei meinen Handball-Matches war ich kurz vor Beginn am nervösesten. Aber dann ging alles ganz schnell.

Anpfiff. Ich sagte die Wahrheit. Die Richterin glaubte mir. Ich wurde zu zweiundzwanzig Monaten bedingt verurteilt. Juristisch bedeutete dies »Auf Bewährung« für mich. Emotional bedeutete dies für mich, dass ich frei war. Niemals würde ich einen Mann wieder so lieben wie Ervin.

Ich verließ den Raum strahlend. Innerlich war ich völlig aufgewühlt. Ich sah, wie Ervin Peter erleichtert die Hand schüttelte. Judith fiel mir um den Hals. Sie hatte Tränen in den Augen.

»Alles ist gut, Renata!« Peter stand hinter Judith und nickte mir ruhig zu.

Die Welt bewegte sich wie in Zeitlupe. Das sollte alles gewesen sein? Ich konnte nicht reden und starrte ins Leere.

»Renata! Es ist vorbei!« Ervin sah mich versonnen an. Emily und Carla hielten sich an den Händen und stürmten in meine Richtung.

An diesem grauen Novembertag im Jahr 2010 wurde ich noch einmal geboren. Dieses Spiel war das härteste meines und Ervins Lebens gewesen. Wir hatten es so ernst genommen wie kein anderes Match jemals zuvor. Am Anfang hatten wir einen gravierenden Fehler gemacht und wären beinahe zu Boden gegangen. Doch ich hatte den Kopf gehoben und war bereit gewesen, die volle Verantwortung dafür zu tragen. Wir hatten einige Fouls einstecken müssen. Aber wir hatten uns dem Gegner nicht gebeugt, nicht ans Aufgeben gedacht und keine einzige Sekunde den Glauben an uns verloren.

Wir hatten gesiegt. Die Liebe hatte gesiegt.

Elisabeth Karamat
Honigmann

Vor der Enge ihres Büroalltags in Brüssel flieht Elisabeth Karamat auf die Karibikinsel St. Kitts. Ein Jahr will sie bleiben, doch dann lernt sie den magischen Kwando kennen. An seiner Seite entdeckt sie eine neue Welt. Beide haben Wunden aus der Vergangenheit. In ihrer wachsenden Leidenschaft begleiten sie einander auf dem Weg der Heilung.

»*Das Zirpen der Grillen durchdrang die warme Luft. Ganz in der Nähe entdeckte ich eine alte Zuckermühle in der Dunkelheit. In der Ferne leuchtete der Hafen von Basseterre. Ein Kreuzfahrtschiff lag dort vor Anker. Es war so mächtig, dass es die ganze Stadt samt ihrem Kirchturm bei Weitem überragte. Ich blickte auf das vom Mond beschienene Meer.*«

240 Seiten, EUR 22,90
ISBN 978-3-99001-027-3

Badewannentag

ELFRIEDE VAVRIK

Weiblich, 82, sucht die Liebe

edition a

Elfiede Vavrik
Badewannentag
Weiblich, 82, sucht die Liebe

Nach vierzig Jahren als Single entdeckte Elfriede Vavrik mit 79 ihr Liebesleben neu und schrieb einen Bestseller darüber. Ihre späten Affären dauern an, bis sich nach einem Unfall ihre Perspektiven ändern. Jetzt will sie mehr. Wenn sie mit 79 ihren ersten Orgasmus haben konnte, warum sollte sie dann nicht mit 82 den Mann fürs Leben finden?

Wie bei ihrer Suche nach erotischen Abenteuern schaltet sie Zeitungsinserate. Während sie schräge Dates absolviert und mit Beziehungsängsten ringt, findet sie die Liebe tatsächlich, aber anders, als sie es sich vorgestellt hat.

192 Seiten, EUR 19,95
ISBN 978-3-99001-030-3

Joana Adesuwa Reiterer
Hexenkind

Mit 14 wird die Nigerianerin Joana von ihrem Vater als Hexe gebrandmarkt, misshandelt und verstoßen. Sie flieht nach Europa und stellt fest, dass sie mit ihrem Schicksal nicht allein ist. Bei Reisen durch ihren Heimatkontinent erfährt sie von öffentlicher Gewalt an angeblichen Hexen und Hexenkindern sowie von Hexendörfern, in die diese abgeschoben werden. Mit ihrem Verein EXIT kämpft sie gegen den Hexenwahn, einem totgeschwiegenen Problem Afrikas. Auch mit ihrem eigenen Schicksal will sie sich nicht abfinden. Nach dreizehn Jahren trifft sie ihren Vater wieder, doch gefangen in seiner Welt enttäuscht er ihre Hoffnung auf späte Versöhnung und familiäre Geborgenheit. Die wahre Geschichte eines ungewöhnlichen Lebens.

192 Seiten, EUR 19,95
ISBN 978-3-99001-034-1